La ba

«*La batalla de cada m*

y claro, justo lo que n… generación. Creo que Shannon Ethridge trata algunos aspectos delicados con un enfoque perfecto. El resultado es una mirada muy fiel, sincera y eficiente a los asuntos que se les presentan a las jóvenes hoy en día».

SARAH KELLY, cantante para *Gotee Records*

«Como un continuo goteo intravenoso, las chicas adolescentes de hoy reciben el mensaje de una sexualidad confusa y degradada. Se desesperan por encontrar razones para guardarse y protegerse. Shannon Ethridge les da razones en este libro relevante y ameno. ¡Cada muchacha y su madre deberían leer este libro!»

SHARON HERSH, autora de *Mom, I Feel Fat!* y *Mom, I Hate My Life!*

«Agradezco que Shannon se decidiera a ser tan sincera y auténtica como lo es en realidad; es la única manera en que este libro podía ser tan poderoso […] ¡Dios obrará de una forma increíble a través de esta potente obra de arte y de corazón! […] Puedo decir con sinceridad que este libro me cambió, pues da una imagen clara de quién es Jesús, de quiénes somos como su novia y de por qué no podemos estar satisfechas con nada ni nadie más».

BETHANY DILLON, compositora y cantante

«¡Un libro que toda adolescente debe leer! Sincero e informativo, este libro no solo es muy ameno por sus ilustraciones fieles a la realidad, sino que está lleno de respuestas para cada situación sexual a la que se enfrentan las adolescentes de hoy. Es un gran antídoto contra los retorcidos mensajes sexuales que nuestra cultura pop reparte a diestro y siniestro. ¡Felicitaciones, Shannon!»

MELODY CARLSON, autora de la serie *Diary of a Teenage Girl* y *Torch Red, Color Me Torn*

«Shannon escribe con un estilo franco, pero mantiene el tacto y la amabilidad mientras presenta su enseñanza equilibrada y temerosa de Dios sobre las citas amorosas y las relaciones. Sin duda, es un libro que debe leer cualquier muchacha que desee mantenerse pura en su relación con Dios, y sospecho que en muy poco tiempo este libro pasará a ser un ingrediente principal para los pequeños grupos de estudio».

FRED STOEKER, coautor de *La batalla de cada hombre joven*

«Este libro debería ser una lectura obligatoria para cualquier muchacha adolescente que esté expuesta a las influencias negativas de la cultura a través de los medios de comunicación, la música, las películas y las revistas de moda. Como alguien que está en la trinchera del ministerio para chicas adolescentes, agradezco el enfoque sincero de Shannon y su disposición para abordar algunos asuntos difíciles que se les presentan a nuestras jóvenes. Realiza un maravilloso trabajo al exponer las cuestiones impías de la cultura, mientras ofrece soluciones que agradan a Dios al mismo tiempo».

VICKI COURTNEY, fundadora de Virtuous Reality Ministries y autora de *Your Girl: Raising a Godly Daughter in an Ungodly World*

«¡Este libro es maravilloso! Lo compraré para leer con las adolescentes que guío. Me habría gustado que hubiera estado disponible cuando era adolescente».

ADRIENNE FREAS, ama de casa y miembro del personal de Cruzada Estudiantil para Cristo

«Lo único que puedo decir es: "¡Vaya!" Shannon y Steve han hecho un trabajo maravilloso. En cada página de *La batalla de cada mujer joven* veo excelencia y sabiduría de Dios. Sus aplicaciones prácticas y conocimientos profundos conmoverán y sanarán a muchos».

LISA BEVERE, oradora, cofundadora de Messenger International y autora de *Kissed the Girls and Made Them Cry*

Prólogo de Josh McDowell

SHANNON ETHRIDGE
y STEPHEN ARTERBURN

La batalla de cada mujer joven

Protege tu mente, tu corazón y tu cuerpo en un mundo saturado de sexualidad

Unilit
Sepa

Publicado por
Unilit
Miami, FL 33172

Primera edición 2005
Primera edición 2013 (Serie Favoritos)

Originalmente publicado en inglés con el título:
Every Young Woman's Battle por Shannon Ethridge y Stephen Arterburn.
Publicado por WaterBrook Press, un sello de
The Crown Publishing Group, una división de Random House LLC.
12265 Oracle Boulevard, Suite 200, Colorado Springs, CO 80921 USA
Publicado en conjunto con la agencia literaria Alive Communications, Inc., 7680 Goddard St., Ste. 200, Colorado Springs, CO 80920, www.alivecommunications.com.
(Published in association with the literary agency of Alive Communications, Inc., 7680 Goddard St., Ste. 200, Colorado Springs, CO 80920, www.alivecommunications.com.)
Publicado en español con permiso de WaterBrook Press, un sello de
The Crown Publishing Group, una división de Random House LLC.
(This translation published by arrangement with WaterBrook Press, an imprint of The Crown Publishing Group, a division of Random House LLC.)

Traducción: *Gabriela De Francesco de Colacilli*
Fotografía de la cubierta: © fotosearch.com

Los nombres y los hechos en las historias se cambiaron, pero las luchas emocionales y sexuales son verídicas de acuerdo a relatos recibidos por los autores a través de entrevistas personales, cartas y correos electrónicos.

Producto 496990 • ISBN 0-7899-2116-2 • ISBN 978-0-7899-2116-1

Impreso en Colombia
Printed in Colombia

Categoría: Vida Cristiana /Relaciones /Sexualidad
Category: Christian Living /Relationships /Sexuality

Contenido

QUINTA PARTE: Protege tu corazón

SEXTA PARTE: Protege tu cuerpo

SÉPTIMA PARTE: Busca amor en los lugares adecuados

Prólogo

¿Alguna vez te has frustrado terminando un laberinto en un libro de entretenimiento? La meta es descubrir un camino desde el punto de partida hasta el final sin pasar por encima de alguna de las líneas. Sin embargo, la cantidad de callejones sin salida puede hacer que esta sea una verdadera prueba para tu paciencia y concentración.

Imagínate un laberinto *gigante* del tamaño de un campo de fútbol. Supongamos que alguien te ofrece una recompensa de diez mil dólares si puedes atravesar el campo de principio a fin con éxito en cinco minutos. En verdad estás motivada, pero cuando entras al laberinto, te das cuenta de que no puedes ver nada más que las paredes de tres metros de alto que tienes delante y a los costados. No hay indicadores que te marquen el camino, ni tienes manera de discernir cuándo un callejón sin salida está justo al doblar de la esquina. Tus posibilidades de victoria son casi imposibles. Necesitas la ayuda de un asesor de confianza que conozca el laberinto más que tú.

¿Sabes lo que haría si mi hija me pidiera que la ayudara con un desafío así? Conseguiría una escalera de doce metros y dos teléfonos celulares. Le daría un teléfono a ella y me llevaría el otro a la cima de la escalera desde donde tendría una vista aérea del laberinto. Luego la llamaría para guiarla desde arriba. Le advertiría cuando siga un callejón sin salida y le diría cuándo doblar a la derecha y cuándo a la izquierda.

Ahora déjame preguntarte esto: ¿Crees que mi hija decidiría pasar por alto mis instrucciones e intentaría confiar en su propio sentido de orientación en este laberinto gigante? Por supuesto que no. Escucharía cada una de mis palabras con cuidado porque sabe que puedo ver con antelación las cosas que ella no puede, que soy digno de su confianza y que la amo y quiero que tenga éxito.

Todos los jóvenes enfrentan un desafío similar, solo que el precio es mucho mayor que unos insignificantes diez mil dólares. El precio es salud, felicidad, paz y satisfacción que vienen de guardarte para el matrimonio, de elegir una buena pareja y de traer hijos hermosos al mundo. Tengo cuatro hijos así, y luego de treinta años de ser esposo y papá, puedo decirte con sinceridad que nada en este lado del cielo me trae más gozo que mi familia. Es probable que estés dentro del noventa y tres por ciento de adolescentes que quiere casarse algún día y del noventa y un por ciento que quiere tener hijos[1]. Si es así, tienes que saber que todo tu futuro, incluyendo tu capacidad de tener algún día un matrimonio de éxito y tus propios hijos, se compone de una decisión tras otra. No siempre podrás prever a dónde te va a llevar cada decisión.

Proverbios 14:12 dice: «Hay caminos que al hombre le parecen rectos, pero que acaban por ser caminos de muerte». En todo el mundo, los jóvenes toman malas decisiones que les parecen buenas. Ya sea que se trate de las películas que ven, las mentiras que les dicen a sus padres o lo lejos que están dispuestos a llegar en una cita, muchos jóvenes piensan: *No es para tanto... Todos lo hacen... Considero que es bueno para mí*. No se dan cuenta de la diferencia entre el bien y el mal porque no tienen una brújula moral que los guíe en el camino de la verdad absoluta.

Debido a su pobre sentido de orientación, muchos de sus compañeros toman decisiones que no los conducen a una vida abundante y llena de gozo, sino hacia la destrucción e incluso la muerte. Cada día en los Estados Unidos:

- Cuatro mil doscientos diecinueve adolescentes contraen una enfermedad de transmisión sexual y, como resultado, muchos enfrentarán después una muerte prematura;
- Mil ciento seis muchachas adolescentes abortan bebés; y

- seis adolescentes se suicidan, a menudo por un corazón roto o por la culpa que les trae una relación sexual prematrimonial[2].

Cada día perdemos vidas preciosas por una decisión tomada en el calor del momento. Las elecciones que les parecen buenas a estos jóvenes, a la larga los conducirán por mal camino.

Tienes que decidir si vas a confiar en tu propia opinión en la búsqueda de la pureza sexual o si vas a buscar un consejero de confianza para que te guíe. Aunque no puedo esperar que me llames al teléfono celular arriba de una escalera de doce metros, quiero que sepas que tu Padre celestial que ve el panorama general sabe con exactitud cuáles son las curvas que conducen a los callejones sin salida y reconoce el camino despejado hacia la victoria. Dios tiene la capacidad divina de saber a dónde te llevará cada decisión.

Isaías 30:21 dice: «Ya sea que te desvíes a la derecha o a la izquierda, tus oídos percibirán a tus espaldas una voz que te dirá: "Este es el camino; síguelo"». Tal vez no escuches una voz audible con tus oídos, pero si confías en que Jesucristo te guiará a través del laberinto de tu vida, lograrás escucharlo con los oídos del corazón, si te desconectas de las distracciones del mundo y estás atenta a su perfecta dirección. Él no te fallará cuando lo necesites. Es del todo digno de confianza. Te ama muchísimo y sin dudas quiere verte triunfar.

A decir verdad, Él desea tanto que elijas con constancia el buen camino que te dio un mapa de camino (la Biblia) y un consejero de confianza (el Espíritu Santo) para guiarte. Quizá pienses que Dios es una especie de aguafiestas cósmico que lo único que hace es tirar algunas prohibiciones para robarte toda la diversión. Sin embargo, los mandamientos de Dios nos ofrecen preceptos valiosos, o pautas, para vivir. Estos preceptos harán dos cosas: protegerte y sostenerte. Piensa en estos preceptos como si fueran un paraguas. Mientras camines debajo de ellos, te protegerás de la lluvia y te asegurarás de estar seca y cómoda. Entonces, si sales de la protección de ese paraguas, tendrás consecuencias desagradables. Del mismo modo, cuando valoras tu sexualidad y la proteges de acuerdo al plan de Dios, te protegerás de las enfermedades de transmisión sexual, de embarazos no planeados, de relaciones malsanas y de paseos extremos en la montaña rusa emocional. Te apertrecharás de protección, seguridad y esperanza para un futuro prometedor. No obstante, si pasas por alto la dirección de Dios y te sales de la cobertura de sus preceptos, experimentarás de verdad consecuencias dolorosas en el camino.

Durante las últimas cuatro décadas, les he hablado a unos siete millones de jóvenes en ochenta y cuatro países acerca de por qué el verdadero amor espera (*Why True Love Waits*), de cómo discernir lo bueno de lo malo (*Es bueno o es malo*) y en los últimos tiempos sobre cómo pasar más allá de la creencia, a las convicciones (*Beyond Belief to Convictions*). La mayoría de las preguntas que recibo de los adolescentes mientras viajo y doy charlas tienen que ver con la relación sexual, el amor o las relaciones de noviazgo. Aunque me preocupa lo que tú o tus compañeros se vean tentados a hacer cuando están solos con el sexo opuesto, me preocupa más lo que crees sobre tu sexualidad y el deseo de Dios de que seas pura. Por eso me emociona que tengas este libro entre las manos. Sé que vas a descubrir que es un medio valiosísimo que te guiará por el camino hacia una mente renovada, un espíritu fuerte, un corazón puro, un cuerpo saludable y una relación gratificante en gran medida con otros y con Dios. Mi oración es que te tomes cada palabra a pecho, que apliques estos principios en la vida diaria y que permitas que Dios te guíe hacia el generoso premio de una vida abundante de verdad.

Si eres un padre que lee esto, no solo quiero alentarte a darle este libro a tu hija, sino a que lo leas con ella y a que hablen sobre este asunto tabú por tradición, pero que es de vital importancia. Si crees que tu hija no quiere hablar de algo tan íntimo contigo, piénsalo dos veces. Aunque es posible que no te ruegue que hables sobre la relación sexual con ella, alrededor de siete entre diez adolescentes (sesenta y nueve por ciento) están de acuerdo en que sería más fácil posponer la actividad sexual y evitar el embarazo adolescente si pudieran tener conversaciones más abiertas y sinceras sobre estos asuntos con sus padres. El mismo porcentaje también dice que están preparadas para escuchar lo que los padres pensaban que *no* estaban preparadas para escuchar. Cuando se pregunta acerca de las razones por las que las adolescentes tienen bebés, setenta y ocho por ciento de las adolescentes blancas y setenta por ciento de las afroamericanas informaron que uno de los factores clave es la falta de comunicación entre la joven y sus padres. Treinta y uno por ciento de los adolescentes dice que sus padres, no sus amigos, son los que más influyen en sus decisiones sobre la relación sexual[3].

El resumen es este: Cuando se trata de la sexualidad, tu hija necesita tu dirección y la desea quizá más de lo que te imaginas. No esperes que saque el tema. Eso quizá nunca suceda. Toma la iniciativa de ayudarla a desarrollar convicciones personales fuertes acerca de proteger su sexualidad y dale una brújula moral confiable. Es probable que, gracias a tu guía, amor e integridad, un día la veas emerger victoriosa de la batalla de cada muchacha a favor de la pureza sexual y emocional.

JOSH MCDOWELL

Dedicatoria y reconocimientos

De Shannon Ethridge:

Para Erin.
Traes un gozo indescriptible a todas nuestras vidas.
Oro para que tu hambre por Dios y tu pasión
por la pureza no dejen de crecer mientras floreces.

De Stephen Arterburn:

Para Madeline.
Estoy feliz de ser tu padre y siempre estaré
presente para ayudarte a caminar
en las huellas de nuestro Padre celestial.

Como siempre, mi primer agradecimiento es para Jesucristo por encomendarme la visión para este libro. Mi oración es que sea todo lo que quieres que sea y que toque cada vida que quieres que toque.

A Greg, mi esposo y mi mejor amigo, gracias por todo lo que haces y por todo lo que eres para mí y para nuestros hijos. Eres un esposo abnegado y un padre maravilloso, y te amo con intensidad.

A mi bebita «casi tan alta como yo», Erin. Gracias por ayudarnos a probar este manuscrito a fin de asegurarnos que no sonara demasiado anticuado. Eres una compañera de escritura encantadora y una hija aun más encantadora.

Al señor Mattsruo Monstruo, en verdad pusiste el hombro mientras mami trabajaba en este libro. Valoro toda tu ayuda en la casa y el alivio cómico que traen tus travesuras. La vida sería bastante aburrida sin ti.

Les doy gracias a mi familia y a los amigos que me apoyan tanto. Agradezco su paciencia conmigo y sus muchas oraciones que me han sostenido.

A mis amigos del Rockin' C Ranch y otros que me han brindado lugares a los cuales retirarme a escribir, gracias por su cálida hospitalidad y por un lugar tranquilo para estar a solas con Dios y con mi computadora portátil.

Tracy Kartes, has sido una bendición muy grande para mí y para este libro. Te quiero hasta la luna y de regreso, amiga.

A Ron y Katie Luce, Dave Hasz y todos los profesores de la Academia de Honor que contribuyeron de forma significativa a este libro, un agradecimiento sincero por permitirme servir a su lado en Teen Mania Ministries. Lo cuento como una de las mayores bendiciones de mi vida.

A Adrienne y Brian Freas, les agradezco por permitir que el Espíritu Santo los usara en formas milagrosas durante la parte final de este manuscrito. Es evidente que son instrumentos escogidos por Dios y una verdadera bendición para mí y para todas las jóvenes que leerán este libro.

A Don Pape, Laura Barker y toda la gente de WaterBrook Press, gracias por colaborar con nosotros con el propósito de cambiar vidas. ¡Formamos un gran equipo!

A Liz Heaney, mi fenomenal editora, gracias por adornar este proyecto con tu sabiduría y perspicacia. Además, un agradecimiento sincero para todos nuestros «editores juveniles», chicos y chicas. Son demasiados para nombrarlos a cada uno, pero ustedes saben quiénes son y Dios también lo sabe. Mi oración es que Él les dé la mayor de las bendiciones por su disposición en contribuir.

Y por último, pero no por eso menos importante, un agradecimiento especial para Steve Arterburn, Fred Stoeker, Kenny Luck y Mike Yorkey. Es un gran honor y un privilegio trabajar con ustedes. Gracias por poner un cimiento fuerte con la serie Cada Hombre.

SHANNON ETHRIDGE

Una nota a los padres

En *La batalla de cada mujer joven*, analizamos la pureza sexual desde la perspectiva emocional, mental, espiritual y física, enseñándoles a las lectoras a proteger sus mentes, corazones y cuerpos en este mundo saturado de sexo. Lo hacemos con el uso de un lenguaje muy franco y contemporáneo, escribiendo en especial para muchachas que están en la adolescencia o que tienen entre veinte y treinta años.

Quizá te preguntes hasta dónde hemos llegado con la franqueza, o si este libro es apropiado para tu hija en esta etapa de su vida. Si en general mira televisión, escucha música pop o lee revistas para adolescentes, no hay nada en este libro que sea demasiado gráfico ni escandaloso para ella. Nuestro objetivo es presentar una perspectiva cristiana creíble y útil sobre las imágenes a las que tu hija se expone cada día.

Por otro lado, si crees que ya está comprometida con la pureza sexual, o si temes que una discusión franca sobre el asunto quizá resulte inadecuada para ella, te alentamos a que examines *La batalla de cada mujer joven* antes de dárselo. Hicimos todo lo posible para tratar los asuntos delicados con tacto y respeto, enfatizando el deseo de Dios de que las muchachas vivan en integridad sexual. Nuestro compromiso de ayudarlas nos exige honestidad y franqueza hacia ellas, y esperamos que esto allane el camino para que tu hija tome muchas decisiones saludables acerca de su sexualidad.

Introducción

(por Stephen Arterburn)

Hace años, cuando salía en citas amorosas, los jóvenes usaban a las muchachas para su propio placer. Las manipulaban y las presionaban en lo sexual a fin de apuntalar sus propios egos débiles.

Nada era mejor para estos chicos que probar que todavía «tenían ese algo», así que salían y obtenían lo que querían de cualquier chica que se los diera. Estos muchachos no veían a las chicas como personas, sino como objetos inferiores para su placer. Juzgaban a una jovencita por las partes de su cuerpo, por lo que dejaba ver y por lo que estaba dispuesta a entregar en una cita. Nunca pensaban demasiado en lo que ella sentía o pensaba; lo único que les interesaba era lo que querían, y esperaban que la chica se los diera si quería continuar con la «relación». De acuerdo con su criterio, las chicas estaban para ayudarlos a probar que eran hombres «de verdad».

Cuando estaba en el instituto y en la universidad, todas las muchachas tenían una reputación: las que «aflojaban» y las que no. Los muchachos comparaban notas: «¿Lo hizo o no lo hizo?»; y se jactaban de sus conquistas sexuales. Las muchachas con reputación de darles a los chicos lo que querían salían en muchas citas, pero no tenían relaciones amorosas saludables. Los muchachos querían mirarlas, tocarlas y sentirlas, pero no querían comprometerse con una chica que tuviera esa reputación. Simplemente tomaban lo que podían mientras lo querían y luego pasaban al siguiente objetivo sexual.

Los muchachos de mi tiempo decían o hacían lo que la chica quisiera a fin de que estuviera dispuesta a darles su cuerpo, incluso si esto implicaba decir cosas como «Te amo», «Eres especial», o «Nunca antes me había sentido así». La llevaban a comer fuera o a ver una película porque creían que esas cosas les asegurarían beneficios al final del día. La hacían sentir amada y querida porque sabían que esa era la manera de obtener lo que querían de ella. Sin embargo, nunca devolvían lo que se llevaban. Cada vez que tenían relaciones sexuales con una chica, le quitaban una parte del alma.

¿Por qué te cuento esto? Porque quiero que sepas cómo son los chicos, incluso los chicos cristianos. Como verás, los muchachos no han cambiado en lo que se refiere a la forma en que ven a las mujeres. La situación no ha mejorado. Es más, de diversas maneras ha empeorado mucho. No quiero que te usen y que abusen de ti. Eres una creación especial de Dios y Él te ama incluso más de lo que amo a mi hija. Quiere lo mejor para ti, así como yo quiero lo mejor para ella. Dios no quiere que te usen y tampoco quiere que uses a otros. Quiere que tengas integridad sexual y emocional. Tiene una vida maravillosa para ti y puedes encontrarla con facilidad si buscas la manera de vivir en integridad sexual.

Estás creciendo en una cultura que no valora la integridad y la pureza sexual. En lugar de esto, valora la gratificación y el placer a toda costa. Algunas de ustedes ya han empezado a vivir de acuerdo a los valores de esta cultura. Has abandonado lo que en el fondo sabes que está bien. Has dejado de escuchar la vocecita interior que quiere guiarte a permanecer pura y a vivir con amor propio y una alta autoestima. Quizá ya no resistas las insinuaciones sexuales de los muchachos, o es posible que te hayas transformado en la parte agresora. Tal vez eres tú la que persigue a los chicos y participas en comportamientos sexuales que no honran a Dios, a tu familia, ni a ti misma. Si es así, este libro te mostrará un camino hacia la restauración y una segunda oportunidad con Dios. Si no es así, te ayudará a desarrollar una defensa para ti, para tu reputación y para la vida que Dios quiere que vivas. Mi oración, nuestra oración, es que leas este libro, creas y vivas de acuerdo a las verdades que presentamos.

Antes que leas lo que escribió mi coautora, Shannon, quiero decirte lo que les pasó a los muchachos de mi época. Todos nos pusimos más viejos, pero muchos no han ganado sabiduría. Nuestra cultura ha cambiado de forma considerable en la última década. Es triste, pero la Internet, la televisión, las películas y las propagandas han hecho que las mujeres se parezcan más a objetos que antes. Los hombres han pasado de satisfacer su obsesión sexual con muchachas a satisfacerla con imágenes sexuales en cualquier lugar y en todo lugar: en vallas, propagandas de lencería, ediciones especiales de trajes de baño, alrededor de dos millones de sitios pornográficos y programas televisivos. Han quedado prendados de las imágenes, falsificaciones de la realidad. A cualquier parte que miren, ven mujeres como objetos de gratificación. Créeme, más hombres que nunca miran a las mujeres como objetos de uso para su propio placer. Para cada hombre es una batalla ver a una mujer de la forma adecuada. Para muchos es una batalla de por vida.

Un muchacho, cuanto más ve y experimenta pornografía y otras imágenes sexuales explícitas, más quiere. Se dice que es hombre y que hace lo mismo que todos los hombres. «Es normal» o «No le hace mal a nadie», dice mientras su atención se desvía muchísimo de las mujeres reales de su vida y se enfoca cada vez más en el mundo irreal de gratificación sexual a cualquier costo. Muchos esposos, incluso esposos cristianos, entran con regularidad a un mundo privado de placer sexual y vergüenza. Para muchos, la relación sexual dentro del matrimonio ya no es suficiente porque se han enviciado con el sexo como lo considera nuestra cultura descarriada.

Muchos hombres quieren salir, pero no saben cómo hacerlo. Hace unos tres años, Fred Stoeker y yo escribimos un libro llamado *La batalla de cada hombre* porque queríamos darles una estrategia para ser libres y ayudarlos a ganar esta batalla. Enseguida el libro pasó a ser un éxito de librería y aún continúa en la lista de los más vendidos. Los padres que lo leyeron querían algo para sus hijos, así que Fred Stoeker y yo escribimos *La batalla de cada hombre joven*. También pasó a la lista de los más vendidos. Fred y yo comenzamos a recibir cientos de correos electrónicos y algunas cartas de jóvenes que decían que el libro había cambiado su perspectiva sobre la relación sexual y las jóvenes, y que querían vivir la vida de integridad sexual sobre la cual escribimos.

Luego algo más comenzó a suceder. Comenzamos a recibir correos electrónicos de mujeres que expresaban el deseo de un libro acerca de su propia integridad sexual. También querían vivir de acuerdo al estándar de Dios. Además, las lectoras de *La batalla de cada mujer* pidieron un libro para sus hijas, así que Shannon y yo decidimos escribir el libro que tienes en las manos. Esperamos que satisfaga la tremenda necesidad de hablar con franqueza sobre tu sexualidad y que te brinde respuestas sólidas sobre cómo vivir en una cultura diseñada para desviarte del plan de Dios.

También tienes una tarea que hacer, una tarea que influirá en tu satisfacción y seguridad futuras. ¿Cuál es? Integrar con éxito tu sexualidad con el resto de tu vida. Queremos que seas la misma persona el viernes por la noche que la que eres el domingo cuando estás en la iglesia. No queremos que lleves una vida cristiana frente a algunas personas y luego actúes de manera diferente entre los muchachos. Una vida dividida trae confusión, culpa y a menudo desesperación. No es lo que queremos para ti. Queremos que tengas una visión saludable de lo que es la relación sexual. Queremos que creas que la relación sexual como Dios la planeó es tan maravillosa que vale la pena esperar hasta el matrimonio para experimentarla. Queremos que te sientas cómoda contigo misma y con otros, conectada hasta lo más profundo y libre de culpa y vergüenza. Queremos lo mejor para ti y esperamos que con este librito comiences a buscar, a encontrar y a vivir la mejor vida posible.

PRIMERA PARTE

Comprende nuestra batalla

1

Atrévete a ser veraz

Si se mantienen fieles a mis enseñanzas, serán realmente mis discípulos; y conocerán la verdad, y la verdad los hará libres.

JUAN 8:31-32

Juego de la botella. Es probable que jugaras a este juego con amigas en una fiesta de pijamas o quizá tus padres te advirtieron de plano que no jugaras. Es un juego en el que aceptas hacer cualquier cosa que otro jugador te desafíe a hacer, sin importar lo embarazoso o repugnante que sea, o de lo contrario dices la verdad absoluta en respuesta a una pregunta en particular, sin importar cuán privado o humillante tal vez sea tu respuesta.

Cuando era pequeña, nunca abandonaba esos juegos. Nunca se me ocurrió que tenía esa posibilidad. Mis amigas me desafiaron a hacer cosas ridículas: comer un sándwich de *ketchup*, mostaza y mayonesa, tomar un refresco lo más rápido posible y luego eructar lo más fuerte que pudiera delante del hermano mayor de mi amiga y besar con pasión a mi mono de peluche mientras mi amiga tiraba una foto instantánea. Sin embargo, en general, elegía el desafío porque no quería responder preguntas como estas: ¿Quién te parece que es el chico más lindo de la escuela? ¿A cuántos chicos besaste? ¿Hasta dónde llegaste con un chico? Comer algo repugnante o pasar por una idiota era fácil en comparación a decir la verdad sobre ciertas cosas.

A veces la verdad hiere y es mucho más fácil si la podemos mantener oculta. En realidad, algunas veces los secretos que albergamos son tan dolorosos que no queremos enfrentarlos. Suponemos que estos secretos desaparecerán si no pensamos en ellos o no se los decimos a nadie; pero es todo lo contrario. Los secretos vergonzosos supuran como una astilla en un dedo y es mucho mejor contarlos y dejar que alguien nos ayude a sacarlos de nuestras vidas a fin de que sane la herida.

Vas a leer muchas historias en este libro de muchachas (en las edades de doce y veinte años) que tuvieron el valor de hacerlo. Se atrevieron a decir la verdad sobre su batalla para guardar sus mentes, corazones y cuerpos del pecado sexual. Esperamos que aprendas algunas lecciones de la manera fácil y evites cometer errores, o que reconozcas la verdad acerca de cualquier lucha que enfrentas en tu batalla a favor de la pureza sexual y entiendas la manera de superarla.

La ignorancia no es una virtud

Tal vez algunas historias de este libro te parezcan reveladoras o sorprendentes. Por favor, queremos que sepas que no tratamos de impresionarte, repugnarte, ni envilecerte* de alguna forma. Queremos que conozcas las costumbres de este mundo para que puedas guardarte de ellas. La ignorancia no es un don espiritual, ni tampoco una virtud. Puedes ser sabia e inocente al mismo tiempo y queremos prepararte para tomar decisiones responsables si es que llegaras a enfrentar tentaciones en el camino. Tampoco supongas que las tentaciones de las que hablamos no llamarán a tu vida. El apóstol Pablo escribió:

> Por lo tanto, si alguien piensa que está firme, tenga cuidado de no caer [...] Por eso, dispónganse para actuar con inteligencia; tengan dominio propio [...] no se amolden a los malos deseos que tenían antes, cuando vivían en la ignorancia. Más bien, sean ustedes santos en todo lo que hagan, como también es santo quien los llamó; pues está escrito: «Sean santos, porque yo soy santo» [...] Entre ustedes ni siquiera debe mencionarse la inmoralidad sexual. (1 Corintios 10:12; 1 Pedro 1:13-16; Efesios 5:3)

---

* *envilecer:* corromper la pureza de alguien.

Echemos un vistazo a las vidas privadas de algunas chicas como tú, que fueron suficientemente valientes para decir la verdad sobre sus batallas a favor de la pureza sexual.

LA GUERRA PRIVADA DE NELLY

La lucha de Nelly comenzó cuando encontró un programa de televisión pornográfico y luego decidió encontrárselo otra vez... y otra vez... y otra vez.

> Sé que estuvo mal y que todos se equivocan a lo grande, pero igual me siento mal, en especial porque no solo me expuse yo a la pornografía*, sino que también expuse a dos de mis mejores amigas. Una de ellas fue una buena amiga y le confesó a sus padres lo que habíamos hecho. Mis padres se enojaron muchísimo y no los culpo. Incluso me ayudaron y pidieron que cambiaran la configuración del televisor para que no pudiera aparecer nada pornográfico y ese canal está en blanco ahora.
>
> Por un tiempo estuve bien y traté con todas mis fuerzas de olvidar lo que había visto, lo cual resultaba casi siempre; pero últimamente he desarrollado el hábito de masturbarme† con estas imágenes y no puedo parar. Sé que está mal y me siento sucia y culpable. Le confesé mis pecados a Dios, pero no parece ser suficiente. No quiero que nadie se entere porque sé que les daría asco y que se sentirían defraudados.

Estamos seguros de que si Nelly hubiera sabido lo adictiva que puede ser la pornografía, la habría evitado de plano. Si la

---

* *pornografía:* material que muestra en forma gráfica un comportamiento sexual erótico.

† *masturbación*: tocarse los genitales para excitarse a uno mismo.

pornografía o la masturbación habitual se han transformado en un problema en tu vida, este libro te ayudará a librarte de estos hábitos que entorpecen tu integridad sexual y tu paz espiritual.

LA GUERRA PRIVADA DE LAURA

Laura asistió a una conferencia sobre la sexualidad cuando estaba en los primeros años de la escuela secundaria y se comprometió a mantenerse en abstinencia sexual hasta el matrimonio. Ahora en el instituto, está desalentada por las cosas que eligen sus amigas y no puede evitar preguntarse si es realista mantener su compromiso.

> Fui a un baile de la escuela y la mayoría de mis amigas bailaban como locas, moviéndose como si tuvieran relaciones sexuales con la ropa puesta y haciendo cosas asquerosas los unos con los otros: las chicas con los chicos, las chicas con otras chicas, cualquier cosa. Parecía que todos se divertían muchísimo y me decían todo el tiempo que me alegrara y me uniera a la fiesta. Además, un par de mis amigas aceptaron el desafío de practicarles sexo oral* a unos muchachos en la parte trasera del autobús, y ahora esas chicas son muy populares entre los muchachos. Trato de recordar que *en realidad* son populares por malas razones, pero a veces me pregunto si soy demasiado santurrona y me estoy perdiendo toda la diversión que parece tener el resto.

Sabemos que muchas de las que leen este libro quieren mantener la pureza sexual, pero al igual que Laura, se sienten solas en su deseo e incluso se preguntan si es posible. No se desanimen. No solo es posible, sino que creemos que vas a estar de acuerdo

* *sexo oral:* la ubicación de la boca de una persona en los genitales de otra para estimularla sexualmente.

en que es mucho mejor esperar para disfrutar de la sexualidad de acuerdo con el perfecto plan de Dios, algún día en el matrimonio, que participar de actividades sexuales como si fueran solo otro pasatiempo recreativo. Sigue leyendo y te mostraremos con exactitud cómo hacerlo.

La guerra privada de Emma

Emma fue lo suficiente audaz como para contar la verdad acerca de sus luchas con la esperanza de alentar a otras jóvenes a evitar los errores que ella cometió. Se sentía muy insegura al principio de la adolescencia y creía que algo andaba mal en ella porque nunca atraía a los muchachos. Aunque tenía una buena relación con sus padres, quería que un joven la buscara. Para parecerse más a las chicas populares de la escuela, comenzó a hacer dieta y ejercicio para perder peso.

> No pasó mucho tiempo antes de que mi obsesión por la pérdida de peso se transformara en un trastorno alimenticio serio. Deseaba con desesperación que los muchachos notaran mi cuerpo esbelto y anhelaba cumplidos como loca. Cuando un chico me halagaba, me inflaba de orgullo y sentía que valía la pena. Me quedaba cerca de él, como por una especie de «pago» por la atención que me dio y como un «depósito» que me aseguraba seguir recibiendo cumplidos. También coqueteaba con él tomándolo del brazo al estilo de los amigos, me tropezaba con él a propósito o me apoyaba contra él.
>
> Durante los próximos tres años estuve en un par de relaciones que para mí eran serias, pero los muchachos no eran tan serios. Les di todo lo que tenía, incluyendo mi cuerpo, pero con el tiempo me dejaron por la chica siguiente. Cada vez que experimentaba una separación, me preguntaba qué pasaba conmigo. ¿Por qué dejaban de quererme? ¿No era atractiva? ¿Sería que todavía estaba muy gorda? Trataba de obtener la atención y afirmación de

un chico maltratando y regalando mi cuerpo, pero lo que obtenía nunca era suficiente.

La batalla para ser delgada y la batalla para que un novio satisfaga tus necesidades emocionales puede parecer interminable. Si te das cuenta de que anhelas tanto una relación que te comportas en maneras que no te hacen sentir orgullosa, este libro es para ti. Te ayudará a lograr un equilibrio saludable entre tu deseo natural y dado por Dios de que te amen y tu capacidad para evitar las situaciones que te tienten de forma sexual.

A decir verdad, me hubiera gustado saber la información de este libro cuando tenía tu edad y peleaba mis propias batallas.

La guerra privada de Shannon

Si alguien me hubiera preguntado a los doce años de edad si quería ser virgen hasta el matrimonio, hubiera dicho: «¡Por supuesto que sí!».

A los trece años hubiera dicho: «Creo que sí».

A los catorce hubiera respondido: «Quizá».

A los quince mi respuesta hubiera sido: «No veo cómo pueda ser posible». Fue lamentable, pero mi inocencia pasó al recuerdo justo ese año. Me violaron en una cita, lo que nunca se lo conté a nadie por miedo a que me culparan. Después de todo, había coqueteado con este chico de dieciocho años para obtener su atención y había aceptado pasar tiempo a solas con él a espaldas de mis padres, así que por error, no dije nada.

Como lo mantuve en secreto, nadie pudo ayudarme a sanar de este abuso ni me pudo decir que aún era virgen a los ojos de Dios. (Hablaremos más acerca de la naturaleza de la virginidad en el próximo capítulo).

Unos meses después, mis padres me permitieron comenzar a salir con chicos. Como creía que ya me habían robado la virginidad, sentí que no tenía ninguna razón para negarle mi cuerpo a la mayoría de los chicos con los que salía. El acto sexual pasó a ser una parte rutinaria de mis relaciones románticas: el precio que creía que tenía que pagar por la atención y el afecto que anhelaba. Esta es una de las razones por las que quiero que leas este libro. Quiero que tengas la información que yo no tuve. También quiero que vivas sin secretos y que seas sincera acerca de quién eres y de cómo te sientes con relación a los muchachos y de lo que quieren hacer contigo.

NO HAY EXONERACIÓN DE LA TENTACIÓN SEXUAL

Cuando lees acerca del lado oscuro de mi juventud, quizá pienses que era una chica fracasada que provenía de un hogar disfuncional y de un mal barrio, que no era cristiana o que no era muy inteligente.

Error.

Crecí en la parte rural del nordeste de Tejas con padres educados de clase media, que estaban fielmente casados. Mi familia vivía en un hogar modesto en el campo en donde la seguridad nunca fue un problema. Mamá me llevaba a la iglesia con regularidad y confirmé mi creencia en Jesucristo a los doce años de edad. Incluso serví como presidenta del grupo de jóvenes por varios años. Saqué notas excelentes en el instituto y seguí hasta graduarme de la universidad.

Según muestra mi vida, no tienes que ser una fracasada ni venir de una familia destruida para tomar decisiones irresponsables que destrocen tu vida. Ni siquiera las «buenas chicas cristianas» están exentas de las tentaciones sexuales. Ni siquiera tú.

¿Qué puede hacer que alguien como tú o tus amigas pasen de guardarse para el príncipe azul a besar sapos? ¿Se puede salir del pantano de sapos una vez que estás dentro? ¿Se puede ganar esta guerra? Si es así, ¿cómo?

Este libro responde estas preguntas. Te mostrará cómo maniobrar a través del campo minado de la juventud sin perder la batalla de la integridad sexual y emocional. Si puedes evitar las minas del terreno y ser victoriosa en la batalla, es más probable que entres en la vida adulta con confianza y propósito. Tu vida estará libre de la desesperación y tomarás decisiones maravillosas para el futuro. El mundo puede ser tuyo, pero antes aprende más sobre la intensidad de tu propia batalla privada respondiendo sí o no a las siguientes preguntas.

1. ¿Miras programas de televisión o películas que contengan chistes sexuales o escenas gráficas de sexo?
2. ¿Habla la música que escuchas de forma abierta de deseos sexuales fuera del matrimonio?
3. ¿Alguna vez actúas de manera demasiado amistosa o seductora* para obtener la atención de un chico?
4. ¿Tienes pensamientos acerca de tener o mantener un novio que consuman tu mente al punto de que te resulte difícil concentrarte en cualquier cosa por tiempo indeterminado?
5. ¿Estás buscando o pensando en una relación romántica seria aunque falten varios años para que estés lista para casarte?
6. ¿Tienes el hábito de masturbarte a fin de causarte placer sexual o resistir la participación sexual con otros?
7. ¿Crees que el sexo oral y otras actividades sexuales son buenos porque no son sexo vaginal y porque no puedes quedar embarazada?
8. ¿Sientes que te han robado la virginidad?
9. ¿Sientes que eres «mercancía dañada» que ningún «chico respetable» puede querer?
10. ¿Crees que no es malo que en algún caso una pareja viva junta aunque no esté casada?

---

* *seductora:* atrayente o sexualmente tentadora.

11. ¿Crees que en algún caso es bueno que una pareja tenga relaciones sexuales antes del matrimonio?
12. ¿Alguna vez les mentiste a tus padres acerca de a dónde ibas o con quién estabas porque sabías que no iban a estar de acuerdo si decías la verdad?
13. ¿Le mentirías a tus padres para salir con un chico que te gusta mucho si supieras que te puedes salir con la tuya?
14. ¿Alguna vez te besaste con un chico porque parecía que había que hacerlo?
15. ¿Estás ansiosa por salir del control de tus padres y tener libertad de estar en cualquier relación que quieras?
16. ¿Entras en sitios de Internet o en salas de charla que sabes que tus padres no aprobarían?
17. ¿Alguna vez le diste tu número de teléfono o dirección a un extraño mientras coqueteabas con él por Internet sin que tus padres lo supieran?
18. ¿Has roto alguna regla o pauta que hayas establecido para tu comportamiento o tus relaciones?
19. ¿Escondes algunas cosas, como cartas de amor, revistas o películas eróticas?
20. ¿Te parece que casarte algún día será la respuesta a todos tus problemas y te librará de las tentaciones sexuales y emocionales?

¿A cuáles preguntas contestaste que sí? Cada una de ellas revela una posible dificultad que hace que sea más probable que cedas a la tentación sexual cuando aparezca. Ya sea que acabas de entrar a la pubertad y esta lucha sea nueva para ti, o que seas una joven adulta experimentada, puedes diseñar una defensa sólida como una piedra a fin de evitar transformarte en una víctima de esta guerra. Ya sea que seas pura en lo sexual, que tu virginidad penda de un hilo o que estés acostándote con un chico, puedes mantener o exigir tu integridad sexual no solo a través de la juventud, sino a lo largo de la vida. La clave es reconocer y entender qué tipo de cosas hacen que cualquier mujer, sin importar edad o estado civil, tropiece y caiga en la tentación sexual. Si aprendes a proteger tu mente, tu corazón y tu cuerpo contra las concesiones sexuales y entiendes el plan de Dios para tu satisfacción sexual y emocional, podrás maniobrar a través de la adolescencia con gracia... y sin reproches.

Cuando comiences a entender el regalo de la sexualidad más a fondo, podrás disipar algunos de los mitos que quizá te mantengan en la trinchera de esta batalla. Los próximos capítulos te ayudarán a:

- entender la complejidad de la sexualidad y la parte que representan las emociones en la batalla;
- reconocer los mitos acerca de la sexualidad que dominan nuestra cultura y cómo pueden afectar tus creencias y decisiones sobre el sexo;
- adoptar la pureza sexual como tu estilo de vida preferido, no solo en el aspecto físico, sino también en el mental, emocional y espiritual;
- disfrutar de relaciones saludables y satisfactorias contigo misma, con Dios y con otros;
- encontrar el amor que buscas sin tener que hacerlo en lugares equivocados o tener expectativas poco realistas sobre tu novio o tu futuro esposo; y
- sentirte bien contigo misma no solo por un momento, sino por el resto de tu vida.

Si pudiste superar las tentaciones hasta ahora, alaba a Dios por su protección y prepárate para seguir en victoria. Si caíste en alguna de estas tentaciones, si te preguntas por qué te sientes tan desconectada de Dios, o si estás ansiosa por tus relaciones actuales o futuras, este libro puede ser tu sendero hacia la paz.

Nuestra oración es que encuentres sabiduría, valor, esperanza y fuerza para enfrentar *y ganar* la batalla de integridad sexual y emocional.

Él reserva su ayuda para la gente íntegra y protege a los de conducta intachable. Él cuida el sendero de los justos y protege el camino de sus fieles. Entonces comprenderás la justicia y el derecho, la equidad y todo buen camino; la sabiduría vendrá a tu corazón, y el conocimiento te endulzará la vida. La discreción te cuidará, la inteligencia te protegerá.

Proverbios 2:7-11

De regreso a los planos para la sexualidad

Y Dios creó al ser humano a su imagen [...] Hombre y mujer los creó [...] Dios miró todo lo que había hecho, y consideró que era muy bueno.

GÉNESIS 1:27, 31

Si alguien te preguntara: «¿Qué es el sexo?», ¿cómo le responderías? Si eres como la mayoría de la gente, es probable que te sonrojes, te aclares la garganta y tartamudees hasta que logres decir la palabra «pene» y «vagina» para explicar el mecanismo para hacer bebés. Quizá te sorprenda escuchar esto, pero la respuesta es incorrecta. Acabas de definir el *coito.*

¿Piensas que somos quisquillosos para elegir las palabras? Bueno, la última vez que llenaste un formulario en la escuela y viste la palabra *sexo* con una línea para completar, ¿escribiste «virgen» (o «no virgen»)? ¡Por supuesto que no! Escribiste «femenino». Dios nos hizo a todos seres sexuados, ya sea masculinos o femeninos. Nuestra feminidad o masculinidad son una expresión de quiénes somos. Desde que nos conciben hasta que dejamos el cuerpo terrenal y pasamos al hogar celestial somos seres sexuados. Eras sexuada cuando vestías a tus muñecas Barbie, cuando comenzaste a afeitarte las piernas y cuando lloraste la primera vez que se te rompió el corazón. Es más, eres *sexuada* ahora mismo mientras lees este libro. ¿Sorprendida? Créenos que no es necesario que estés en actividad sexual para ser sexuada. Eres siempre un ser humano sexuado y eso es algo que no puedes cambiar.

Sin embargo, puede ser que tu sexualidad no esté del todo integrada* al resto de tu personalidad. Es posible que hayas compartimentado* tu sexualidad porque te avergüenza o te pone incómoda. Si es así, tal vez seas muy responsable en la escuela o la iglesia, pero cuando estás con un muchacho, es como si fueras otra persona. Tu incomodidad, inseguridad, secreto o vergüenza pueden llevarte a un comportamiento impulsivo† e irresponsable. Queremos ayudarte a integrar tu sexualidad para que te transformes en una persona coherente, confiada, sana y sexuada de forma saludable.

Al escuchar que eres una persona sexuada, tal vez pienses: «*Bueno, si Dios me hizo un ser sexuado, debe querer que tenga relaciones sexuales*». No obstante, confundes ser *sexuada* con ser *activa sexualmente*. Las dos cosas *no* son lo mismo. De acuerdo con el diseño de Dios, somos sexuados (hombres o mujeres) toda la vida, pero su perfecto plan solo permite el acto sexual dentro de los límites de la relación matrimonial.

También puedes pensar por error: «*Una vez que tenga relaciones sexuales, seré una mujer. Hasta entonces, soy una niña*». Nuestra sociedad casi ha hecho que el acto sexual sea un rito para pasar a la adultez. No lo es. En realidad, eso es una tontería.

Piénsalo. Si una niña de diez años tiene relaciones sexuales, ¿eso la hace una mujer? Según las estadísticas, solo ochenta por ciento de las mujeres se casan, ¿eso significa que veinte por ciento que se queda soltera sigue siendo niñas en lugar de mujeres? ¿Crees que el hecho de que un adulto nunca tenga relaciones sexuales lo hace menos o más hombre o mujer? Por supuesto que no. Tener relaciones sexuales no te hace más hombre o mujer al igual que pararte en un garaje con un florero no te hace un Volkswagen «Escarabajo». En otras palabras, tu sexualidad no se define por *lo*

* *integrada:* unida o combinada en un todo.

* *compartimentado*: separado en diferentes categorías.

† *impulsivo*: que actúa de forma momentánea sin pensar en las consecuencias.

que haces, sino por *quién eres*. Según el diseño de Dios, tu sexualidad femenina difiere de la sexualidad masculina.

¡VIVE LA DIFFÉRENCE! («CELEBRA LA DIFERENCIA» EN FRANCÉS)

Cuando traje del hospital a mi hijo recién nacido a casa, no pasó mucho tiempo antes de que mi hija de tres años declarara: «¡Mami! ¡Yo no tengo pene!». La diferencia entre nuestros cuerpos físicos es solo el comienzo de las diferencias entre hombres y mujeres. Es fundamental que entiendas estas diferencias para que guardes tu pureza sexual y ayudes a otros a hacer lo mismo.

Tal vez un viaje de regreso al jardín del Edén ayude.

Imagínate a Adán y Eva en el jardín. Dios les manda: «Sean fructíferos y multiplíquense» (Génesis 1:28). Este mandamiento tiene dos partes: tener relaciones sexuales y hacer bebés.

Ahora, si Adán hubiera sido tan parecido a Eva y lo único que hubiera querido hacer era caminar en el jardín tomados de la mano con su esposa, recoger flores y comunicarse los pensamientos y sentimientos más íntimos, ¿hubieran llegado a tener relaciones sexuales? Es probable que no.

Entonces, Dios puso en Adán la capacidad de excitarse solo al ver la belleza extraordinaria de Eva a fin de que obedecieran el mandamiento de Dios de ser «fructíferos y multiplicarse». Con una sola mirada a su figura femenina, pensaba: *¡Vaya nena! ¡Ven con papá!*[1]

Dios les dio a los hombres la increíble responsabilidad de ser los progenitores* del género humano (suena como el título de una película de Arnold Schwarzenegger, ¿verdad?). A fin de equipar al hombre para semejante tarea, Dios le puso justo lo que necesitaría para cumplir con esta responsabilidad: el deseo de tener intimidad física y de experimentar placer. El hombre quiere extender la mano y tocar, acariciar, abrazar y gastar toda su energía en hacerle el amor al objeto de su afecto.

* *progenitor:* antepasado o creador.

Desde que Adán puso los ojos en Eva, los hombres se estimulan por lo que les entra por los ojos. Cuando se estimula visualmente, su producción de esperma† se acelera a toda marcha, aumentando sus ansias de toque físico a niveles que pueden hacer que se sienta fuera de control por completo. Sin embargo, con la ayuda de Dios, cualquier hombre puede aprender a controlar estos deseos sexuales y a probar que es un hombre, no solo un animal macho.

Ahora, si lo único que Eva hubiera querido hacer fuera perseguir a Adán para tener relaciones, trabajar en el campo, pulsear y jugar al fútbol, ¿crees que hubiera criado hijos saludables, equilibrados y sensibles? Es probable que no. (No importa cómo resultó ser Caín, ¡sígueme la corriente!).

Dios puso en Eva el deseo de estar conectada e involucrada en lo emocional a fin de cuidar y criar a los demás. Dios quería que obedeciera su mandamiento de «fructificar» o «hacer crecer». Le dio, como a todas las mujeres, la responsabilidad de ser la que criara al género humano y puso en ella justo lo que necesitaría para cumplir con esta responsabilidad: el deseo de tener intimidad emocional. La mujer está hecha para acunar, acariciar, conversar y cuidar al objeto de su afecto.

Así que mientras que los muchachos se excitan sobre todo por lo que ven con los ojos, como muchacha te excitas más por lo que escuchas y sientes. La tentación de mirar pornografía quizá sea abrumadora para un muchacho, pero es más probable que tú leas una novela romántica o que te vuelvas loca con una estrella de música rock. El hombre fantasea con mirar cómo se desviste una mujer, pero es más probable que tú fantasees con que un muchacho te susurre palabras de amor al oído mientras te toca con suavidad. El hombre quiere mirar y tocar, mientras que tú prefieres relacionarte y conectarte en lo emocional.

---

† *esperma*: células reproductoras que se producen en los testículos del hombre y que pueden fertilizar el óvulo femenino y resultar en embarazo.

Mientras que la tentación sexual de los muchachos es por lo que ven, es más probable que tú te sientas tentada en lo sexual porque tu corazón pide a gritos alguien que satisfaga tus deseos más íntimos de que te amen, necesiten, valoren y aprecien. Aunque los muchachos también necesitan una conexión mental, emocional y espiritual, sus necesidades físicas van casi siempre en el asiento del conductor mientras que las otras necesidades viajan en la parte de atrás. En tu caso es al revés. Las emociones de una muchacha en general viajan en el asiento del conductor. Por eso se dice que los muchachos *dan amor para obtener sexo* y las muchachas *dan sexo para obtener amor*. Es lamentable, pero sabemos de muchas chicas que tuvieron relaciones sexuales cuando lo único que querían era que alguien las abrazara. Queremos que sepas que el acto sexual fuera del matrimonio nunca te traerá el amor ni la aceptación que quieres, pero con la ayuda de Dios puedes encontrar el logro y la satisfacción de una manera saludable.

Además, el hombre puede disfrutar el acto sexual sin comprometer su corazón ni establecer lazos espirituales con el objeto de su deseo físico. Este es el mayor acto de compartimentación y los muchachos lo dominan. Nunca supongas que un muchacho siente lo mismo que tú.

Una muchacha saludable, por otro lado, en general le da su cuerpo solo a alguien en el que piensa día y noche y con el que ha conectado el corazón y el espíritu (a menos que haya algún comportamiento disfuncional o adictivo). Y cuando da su mente, corazón y alma, por lo regular el cuerpo les sigue enseguida. Los cuatro están conectados en forma compleja.

La batalla de cada hombre joven, que Steve escribió con Fred Stoeker, habla de lo importante que es para los muchachos «hacer rebotar» los ojos (mirar para otro lado de inmediato) a fin de evitar mirar a una mujer con lujuria. Aunque también necesitas proteger tus ojos (las mujeres también se pueden estimular por la vista), tu preocupación principal tiene que ser proteger tu corazón y «rebotar» tus pensamientos (desviar tus pensamientos enseguida de la tentación para concentrarte en otra cosa).

La Figura 2.1 muestra un breve resumen de las diferencias que acabamos de analizar.

Más adelante hablaremos sobre otras diferencias entre muchachos y muchachas, pero por ahora lo más importante que tienes que entender es que Dios creó a los hombres y a las mujeres para que sean bien diferentes. Sin embargo, por más diferentes que seamos, encajamos a la perfección.

CREADOS PARA ESTAR CONECTADOS

Parte del plan perfecto de Dios es que nos sintamos tan atraídos en el ámbito físico, mental, emocional y espiritual al sexo opuesto que anhelemos estar cerca, no solo una cercanía del tipo «Quiero sentarme a tu lado», sino un deseo profundo de estar conectados en lo íntimo. La palabra *intimidad* se puede definir mejor si pensamos que hace referencia a lo más interior, lo más interno. El anhelo de estar conectados con el sexo opuesto es el anhelo de que nos vean y acepten por lo que somos de verdad en lo profundo de nuestro ser, así como el anhelo de ver a la otra persona en lo profundo a fin de que podamos conocernos de verdad. En realidad, según el Diccionario de la Real Academia Española, una de las definiciones de la palabra *conocer* es: «Tener relaciones sexuales con alguien».

Dios diseñó el cuerpo del hombre y la mujer para que el pene encaje a la perfección dentro de la vagina durante el acto sexual. Sin embargo, el acto sexual no se hizo solo para ser una conexión *física*. Dios diseñó la relación sexual para que la compartan dos cuerpos, dos mentes, dos corazones y dos espíritus que se unen para ser una sola carne. Cuando se experimenta este nivel de intimidad dentro del compromiso y la seguridad de un matrimonio afectuoso, puede ser una de las experiencias más revolucionarias y satisfactorias que experimentes de este lado del cielo.

Dios quiere que disfrutes el acto sexual y por eso te dio una parte en el cuerpo, el clítoris*, que no tiene otro propósito sino darte placer sexual. ¡Eso es, Dios!

DISEÑADOS A LA PERFECCIÓN PARA QUE VALGA LA PENA ESPERAR

Es asombroso, ¿no? Nuestro Dios diseñó a los hombres y a las mujeres para que encajen a la perfección, a fin de que anhelen conectarse en lo emocional y se estimulen y se exciten al ver, escuchar e incluso oler al otro. Nos ama tanto que nos diseñó para que cada fibra de nuestro ser quiera obedecer su mandamiento de fructificar y multiplicarse. Creó el acto de la intimidad sexual para darle al hombre y a la mujer un indescriptible placer físico, mental, emocional y espiritual.

Entonces, si el acto sexual es tan maravilloso, ¿por qué no puedes entrar en actividad sexual en cuanto sientes que estás lista,

Muchachos	Muchachas
• se mueven por deseos físicos	• se mueven por deseos emocionales
• anhelan intimidad física	• anhelan intimidad emocional
• se estimulan por lo que ven	• se estimulan por lo que escuchan y sienten
• dan amor para obtener acto sexual	• dan acto sexual para obtener amor
• el cuerpo puede desconectarse de la mente, el corazón y el alma	• el cuerpo, la mente, el corazón y el alma se conectan de forma compleja

Figura 2.1

* *clítoris:* órgano pequeño ubicado en la parte superior de la parte vaginal que provee placer cuando se excita o estimula.

en cuanto experimentas el anhelo de intimidad y cercanía, en cuanto se activa tu radar para captar chicos atractivos?

Porque el plan perfecto de Dios es que disfrutes la relación sexual de forma exclusiva dentro del matrimonio. Así como Dios sabe el placer que trae el acto sexual y la conexión que se produce cuando una pareja lo practica, también sabe las consecuencias dolorosas que trae fuera del matrimonio: consecuencias físicas, mentales, emocionales y espirituales de las cuales te enterarás a lo largo de este libro, y quiere protegerte de ellas. La maravillosa relación sexual que disfrutarás con tu esposo algún día estará libre de consecuencias dolorosas o de culpa, ¡y la espera valdrá la pena!

Imagina cómo será cuando se casan dos personas puras en lo sexual. Él guardó su corazón e hizo rebotar sus ojos, y ella es la única mujer desnuda que ha visto en su vida. ¿Te imaginas lo atractiva que le va a parecer? Y a ella nunca la abrazaron tan de cerca como para conocer el aroma de la piel de otro hombre que no sea el suyo. No puede comparar su toque suave y sus caricias con las de nadie. ¿Te imaginas lo atractivo que le va a parecer? Pueden tener relaciones sexuales libres de culpa cada vez que quieran de la manera que quieran hasta que se mueran. Así quería Dios que fuera la relación sexual. Sin comparaciones. Sin desilusiones. Sin culpa o vergüenza. Solo diversión buena y limpia entre esposo y esposa.

Por eso el hombre deja a su padre y a su madre, y se une a su mujer, y los dos se funden en un solo ser. En ese tiempo el hombre y la mujer estaban desnudos, pero ninguno de los dos sentía vergüenza.

Génesis 2:24-25

3

Construye una vida de integridad sexual

Queridos hermanos, manténganse en el amor de Dios, edificándose sobre la base de su santísima fe y orando en el Espíritu Santo.

JUDAS 20-21

En un episodio de la serie cómica *My Wife and Kids,* Michael (Damon Wayans) y Janet (Tisha Campbell-Martin) discuten acerca de dejar a su hija adolescente salir en su primera cita con un muchacho. Michael le dice esto a su esposa:

—Es que no quiero que este chico cruce la línea con mi hija.

—¿Qué línea? —le pregunta la esposa.

—¡La línea de la braga! —responde él.

Es lamentable que muchas muchachas crean que la integridad sexual termina en la línea de la braga y empiezan las concesiones. Sin embargo, ¿es la línea de la braga el lugar en el que empiezan las concesiones? Es obvio que no pensamos eso.

INTEGRIDAD CONTRA CONCESIONES

En el capítulo anterior hablamos de cómo Dios nos creó para que seamos seres sexuados y de que Él quiere que la relación sexual se comparta y se disfrute solo dentro del matrimonio. Con esto en mente, estamos listas para hablar de integridad sexual. Ser una persona íntegra significa que eres de una sola pieza, que todas las partes de tu vida se alinean con las demás partes. La gente que cree en Jesucristo y dice ser cristiana se esforzará por vivir una vida que se ajuste a las enseñanzas de Jesús. Cuando viven esta vida, muestran integridad.

Si crees que tener integridad sexual significa ser una muchacha aburrida y fría que nunca se divierte con un muchacho, estás muy lejos de la verdad. Una muchacha con integridad sexual es libre para disfrutar de la emoción y la diversión de una relación romántica sin la preocupación que viene cuando realizamos concesiones.

Las concesiones se oponen a la integridad. Te llevan a hacer cosas que alejan tu mente y tu corazón de Cristo. Casi siempre empiezan de maneras pequeñas, pero con el tiempo se transforman en un gran pecado que te controla.

Así que si quieres vivir una vida de integridad sexual, serás de una sola pieza en tu devoción a la pureza sexual, no dejando que las pasiones sexuales te controlen. Cuando ejercites el autocontrol, serás libre para entregarte por completo a tu esposo en una relación sexual apasionada sin las cicatrices y el bagaje emocional que viene cuando realizas concesiones. Piensa cuánto le gustará a tu esposo que hayas guardado los placeres sexuales especialmente para él y que puedas amarlo con total abandono, no solo con el cuerpo, sino con la mente, el corazón y el alma.

LA SEXUALIDAD DE MESA

Para entender mejor el significado de la integridad sexual, imagina que tu sexualidad es como una mesa. Así como la mesa se compone de cuatro patas que le dan estabilidad, nuestra sexualidad también tiene cuatro componentes definidos que traen equilibrio

«Al leer este libro se me abrieron los ojos al hecho de que las chicas tienen sus propias luchas sexuales al igual que los chicos. Nunca me había dado cuenta de las dificultades que tienen las chicas para proteger sus corazones, así que, si Dios quiere, en el futuro voy a parar y a pensar en eso cuando esté tentado a coquetear con ellas».

Juan

a nuestra vida. Si una de las patas de la mesa falta o está rota, la mesa pierde el equilibrio con facilidad y se transforma en una rampa.

Mis amigos Kevin y Ruth descubrieron este concepto en su fiesta de bodas. Una larga mesa para banquetes cubierta con mantel de encaje exponía la hermosa y sobrecargada torta de bodas, la ponchera y los vasos de cristal, la reluciente vajilla de plata y las servilletas con un recargado monograma. El único problema fue que la persona que montó la mesa se olvidó de ajustar el seguro de una de las patas plegables que la sostenían. Apenas sirvieron el ponche en el bol de cristal, la pata se torció y todo se deslizó a un lado de la mesa y terminó en el suelo en medio de un gran estruendo. La torta cayó en el medio del charco de ponche y las servilletas se empaparon. Todo el mundo miraba al novio y a la novia, esperando verlos en estado de pánico y horror. Sin embargo, para alegría de todos, ¡Kevin y Ruth comenzaron a desternillarse de la risa!

De modo que, cuando una de las «patas» de nuestra sexualidad se dobla, no es para reírse, ya que quizá nuestras vidas se transformen en una pendiente resbaladiza que nos conduzca al descontento, a las concesiones sexuales, al odio hacia nosotras mismas y al daño emocional. Cuando esto sucede, la bendición que Dios quiso que traiga riqueza y placer a nuestra vida se transforma en una maldición que nos trae dolor y desesperación.

Como dijimos antes, nuestra sexualidad se compone de cuatro aspectos diferentes: la dimensión física, la mental, la emocional y la espiritual de nuestro ser. Estas cuatro partes se combinan para formar al individuo único que Dios quiso que fueras. Otra vez, tu sexualidad no tiene que ver con *lo que haces*. Tu sexualidad tiene que ver con *quién eres*, y estás hecha de cuerpo, mente, corazón y espíritu, no solo de cuerpo. Por lo tanto, la castidad física no es lo único que tiene que ver con la integridad sexual. Está relacionada con cada uno de los aspectos de nuestro ser (cuerpo, mente, corazón y espíritu). Cuando los cuatro aspectos se alinean a la perfección, nuestra «mesa» (nuestra sexualidad) refleja equilibrio e integridad.

Pendientes resbalosas no identificadas

Muchas muchachas creen que tienen pureza sexual solo porque nunca tuvieron relaciones sexuales o porque nunca dejaron que un muchacho fuera más allá de la línea de su braga. ¿Están en lo cierto? Considera estas preguntas:

- Quizá nunca hayas besado a un chico, pero miras pornografía, lees eróticas novelas románticas o escuchas música con sugerencias sexuales y en tu mente fantaseas con toquetearte o recorrer todo el camino sexual con alguien que todavía no es tu esposo. ¿Puedes decir con sinceridad que vives una vida de integridad sexual? (Este es un ejemplo de compromiso en lo mental).
- Quizá seas virgen en lo «físico», pero varias veces usaste a los chicos para tratar de obtener la afirmación que anhelas. ¿Se puede decir que vives una vida de integridad sexual? (Este es un ejemplo de compromiso en lo emocional).
- Quizá uses un anillo o collar que dice «El verdadero amor espera», pero lo único que te motiva a asistir al grupo de jóvenes es para echarle el ojo a los chicos atractivos, no para conocer mejor a Dios. ¿Puedes decir con sinceridad que tienes en claro tus prioridades? (Este es un ejemplo de compromiso en lo espiritual).
- Tal vez nunca tuviste relaciones sexuales, pero permitiste que un chico metiera la mano debajo de tu blusa o lo estimulaste en forma manual* u oral†. ¿Puedes decir con sinceridad que todavía tienes pureza sexual? (Este es un ejemplo de compromiso en lo físico).

---

* *estimulación manual:* término de la jerga para masajear el pene masculino con la mano.

† *estimulación oral*: término de la jerga para una mujer que le realiza sexo oral a un hombre

A fin de experimentar la estabilidad física, mental, emocional y espiritual que Dios quiso que tuvieras, debes evitar que tu mesa se convierta en una pendiente resbalosa mediante algún tipo de concesión. Si te preguntas cómo lograrlo, puedes descansar y saber que cuando termines de leer este libro, tendrás las respuestas.

Figura 3.1: Sexualidad de mesa

Hasta que te cases, la integridad sexual significa protegerte de cualquier anhelo físico, mental, emocional o espiritual por el sexo opuesto que no se pueda satisfacer de acuerdo al plan de Dios. Significa buscar que Dios satisfaga estas necesidades hasta que se pueda hacer en la relación matrimonial. No significa que no puedes estar interesada o esperanzada en cuanto a tener un esposo algún día, ni que no puedas salir con un chico o tener novio. Solo significa que tienes que intentar con todas tus fuerzas guardar tu corazón, tu mente y tu cuerpo contra cualquier compromiso que ponga en peligro tu integridad sexual.

Cuando te cases, la integridad sexual será conectarte de forma íntima en el ámbito físico, mental, emocional y espiritual con tu esposo y con ningún otro hombre fuera del matrimonio. Cualquier tipo de concesión (física, mental, emocional o espiritual) afectará tu integridad sexual en total. Una parte infectada afectará a la larga las partes correspondientes e incluso podrán privarte de la satisfacción integral que Dios anhela que tengas.

Legalismo contra amor

Cuando hablamos sobre la integridad sexual, muchos quieren una lista de lo que hay que hacer y lo que no hay que hacer, de lo que se puede y de lo que no se puede, de lo que debo hacer y lo que no debo hacer. Quieren saber: *¿Qué es lo que sí puedo hacer? ¿Hasta dónde puedo llegar? ¿Qué es demasiado lejos?* Sin embargo, una lista con leyes acerca de lo que me puedo poner y lo que no me puedo poner, lo que debo decir y no debo decir, etc., no es la respuesta porque estas pautas se tratan solo de acciones físicas. ¿Qué sucede con nuestras motivaciones y pensamientos cuando seleccionamos nuestra ropa o elegimos los comportamientos adecuados o inadecuados para una relación? Necesitas un estándar de integridad sexual que no solo se trate de comportamientos físicos, sino también de comportamientos emocionales y mentales. ¿Cómo desarrollamos un conjunto de reglas que incluyan nuestra mente, nuestro corazón *y* nuestro cuerpo?

La respuesta no está en el legalismo, que significa «cumplir una serie de leyes estrictas», sino en el amor cristiano. Dios condensó todas las reglas y normas del Antiguo Testamento en diez mandamientos. Luego en el Nuevo Testamento, Jesús redujo todas esas reglas a dos. Si vives bajo estos dos mandamientos, tendrás una vida de integridad sexual.

Estas dos reglas se explican cuando Jesús responde a la pregunta: ¿Cuál es el gran mandamiento en la ley?

> —"Ama al Señor tu Dios con todo tu corazón, con todo tu ser y con toda tu mente" —le respondió Jesús—. Este es el primero y el más importante de los mandamientos. El segundo se parece a este: "Ama a tu prójimo como a ti mismo". De estos dos mandamientos dependen toda la ley y los profetas. (Mateo 22:37-40)

Lo que Jesús quería decir era que lo que importa no es la ley, sino el amor. Si amas a Dios, a tu prójimo y a ti misma (en ese orden), puedes vivir muy por encima de cualquier conjunto de reglas o normas. Tienes libertad para vivir fuera de cualquier modelo legalista cuando vives guiada por el espíritu del amor.

Pablo se hace eco de esta forma de «libertad con responsabilidad» cuando escribe:

> «Todo está permitido», pero no todo es provechoso. «Todo está permitido», pero no todo es constructivo. Que nadie busque sus propios intereses sino los del prójimo. (1 Corintios 10:23-24)

Lo que Pablo quería decir es que puedes hacer casi todo, pero no siempre es lo que te conviene ni lo que le conviene a los demás. No te concentres en lo que está «permitido», sino en lo que es mejor para todos los involucrados. ¿Cómo aplico esta libertad a la integridad sexual?

Elige cualquier asunto y pásalo por este filtro de «ley contra amor»:

- No hay ninguna ley en contra de la ropa que favorece la figura, ¿pero cuál es nuestra motivación cuando la usamos, edificar a otros o edificar nuestro ego, haciendo que un chico dé vuelta la cabeza para mirarte?
- En este país tenemos libertad de expresión, ¿pero lo que le dices a los muchachos es lo que más les conviene o es

solo un medio para manipularlos a fin de que te den la atención que anhelas?

- La Biblia no prohíbe besar en la boca, ¿pero hay amor en hacer que fluya el combustible de un chico (sin mencionar el tuyo), despertando deseos sexuales que no tendrían que satisfacerse fuera del matrimonio?

Mira más allá de lo que haces y analiza las motivaciones que se encuentran detrás de tus acciones. Si lo haces, ya no tienes que preocuparte por la ley porque actúas según un modelo superior, una norma de amor. Las columnas de la Figura 3.2, que comparan preguntas de concesión con preguntas de integridad, muestran la diferencia entre evaluar tus motivaciones y comportamientos a través de la lente del legalismo y evaluarlas a través de la lente del amor.

Cada uno tiene la responsabilidad ante Dios por lo que hace. Si quieres ser una joven de integridad sexual, es probable que tengas que abandonar algunas de tus libertades (en la vestimenta, en tus pensamientos, en lo que hablas y en cómo te comportas) a fin de actuar de acuerdo con lo que más le conviene a otros por amor. Dios nos proveerá la sabiduría para actuar con integridad y también te honrará si usas esta sabiduría y actúas con responsabilidad.

LA JOVEN DE INTEGRIDAD SEXUAL Y EMOCIONAL

Juntemos todas las piezas. Si quieres ser una joven de integridad sexual y emocional, asegúrate de que tus pensamientos, palabras, emociones y acciones reflejen una belleza interior y un amor sincero hacia Dios, hacia otros y hacia ti misma. Esto no significa que nunca vayas a estar tentada a pensar, decir, sentir o hacer algo inadecuado, pero sí quiere decir que tienes que intentar con diligencia resistir estas tentaciones y permanecer firme en tus convicciones. No debes usar al sexo opuesto para intentar satisfacer tus necesidades emocionales, ni entretener fantasías sexuales. No debes vestirte para atraer la atención masculina, pero tampoco tienes que limitarte a un guardarropa de faldas largas hasta el tobillo y suéteres de cuello alto. Puedes vestirte a la moda y con estilo, e incluso parecerle sexy a los jóvenes (al igual que la belleza, la sensualidad depende del cristal con que se mire), pero tu motivación no tiene que ser egoísta ni seductora. Tienes que presentarte como una joven atractiva porque sabes que a los ojos de otros representas a Dios.

Tienes que vivir de acuerdo a lo que dices. Si dices ser una seguidora de Cristo, no puedes desestimar todas sus enseñanzas en cuanto a la inmoralidad sexual, los pensamientos lujuriosos,

Preguntas de concesión *No preguntes*	**Preguntas de integridad** *Pregunta*
• ¿Son lícitas mis acciones?	• ¿Son amorosas mis acciones hacia otros?
• ¿Se enterará alguien?	• ¿Estaré orgullosa de esto?
• ¿Alguien me condenará?	• ¿Está dentro de mis normas más altas?
• ¿Esto es aceptable en el ámbito social?	• ¿Está de acuerdo con mis convicciones?
• ¿Mis ropas son demasiado reveladoras?	• ¿Me visto para llamar la atención?
• ¿Cómo logro lo que quiero?	• ¿Qué me motiva a desear esto?
• ¿Puedo decir esto?	• ¿Sería mejor que me callara en esta ocasión?
• ¿Esto herirá a alguien?	• ¿Esto beneficiará a otros?

Figura 3.2

la vestimenta indecente y las conversaciones inapropiadas. Tienes que vivir lo que crees acerca de Dios y la belleza brillará desde tu interior. Por último, tienes que tener una esperanza increíble en tu futuro matrimonio: será todo lo que Dios quiere que sea, en especial la relación sexual apasionada que podrás disfrutar con tu esposo.

Si estás lista para descubrir más sobre cómo puedes vivir una vida de integridad sexual, protegiendo no solo tu cuerpo, sino también tu mente y tu corazón, sigue leyendo mientras descartamos algunos de los mitos que pueden mantenerte atrincherada en esta batalla.

Por tanto, todo el que me oye estas palabras y las pone en práctica es como un hombre prudente que construyó su casa sobre la roca. Cayeron las lluvias, crecieron los ríos, y soplaron los vientos y azotaron aquella casa; con todo, la casa no se derrumbó porque estaba cimentada sobre la roca. Pero todo el que me oye estas palabras y no las pone en práctica es como un hombre insensato que construyó su casa sobre la arena. Cayeron las lluvias, crecieron los ríos, y soplaron los vientos y azotaron aquella casa, y ésta se derrumbó, y grande fue su ruina.

Mateo 7:24-27

Mitos que intensifican nuestra lucha

Por falta de conocimiento mi pueblo ha sido destruido.

OSEAS 4:6

Cada año le enseño a cientos de muchachas adolescentes y de edad universitaria cómo superar la tendencia de «buscar amor en los lugares equivocados». Algunas de estas jóvenes han experimentado con relaciones sexuales en el pasado. Al final de cada clase, les pido a las participantes que respondan esta pregunta: ¿Cuáles eran los mitos que creías acerca del acto sexual, las relaciones o las citas amorosas que te ubicaban en situaciones sexuales comprometedoras o en relaciones malsanas? Los siete mitos que describimos en este capítulo reflejan las respuestas más comunes que recibo.

A pesar de que a primera vista quizá pienses que alguna de las falsas ideas no se ajustan a tu caso, te alentamos a que las leas de todas formas. A menudo, no somos conscientes de lo que creemos de las cosas que aún no hemos experimentado. Si entiendes estos mitos y las mentiras en que se basan, tendrás una defensa más fuerte por si alguna vez eres tentada en alguna de estas esferas.

PRIMER MITO

La forma de vestir es cosa mía. No tiene que ser asunto de Dios ni de los chicos.

Antes de pensar que tu guardarropa no tiene que ver con Dios, pruébate este versículo:

> Luego dijo Jesús a sus discípulos:
>
> —Los tropiezos son inevitables, pero ¡ay de aquel que los ocasiona! Más le valdría ser arrojado al mar con una piedra de molino atada al cuello, que servir de tropiezo a uno solo de estos pequeños. (Lucas 17:1-2)

¿Te acuerdas de lo que dijimos antes acerca de qué es lo que estimula a los chicos sexualmente? ¡Es lo que les entra por los ojos! Cuando ven algo estimulante en lo sexual, como una jovencita vestida en forma indecente, su tendencia natural es desearla y entretener pensamientos sexuales con ella. No importa si el chico es cristiano o no. Hasta los chicos cristianos se pueden tentar por la vista a desear con lujuria. Si quieres evitar que tus hermanos tropiecen y caigan, vístete con decencia.

Muchas jovencitas, incluyendo las cristianas, se visten con escasas camisetas cortas y ajustadas de tirantes delgados que exhiben sus pechos, con minifaldas deportivas o con pantalones cortos, tan cortos que no dejan muy librada a la imaginación, o aparecen con blusas cortas y vaqueros de talle bajo que muestran el abdomen, quizá con una tanga que asoma por detrás. Estas mismas jóvenes después se quejan: «¡Las chicas no tendrían que luchar tanto para decir que no si los chicos no estuvieran intentando besarlas todo el tiempo!».

Le pedimos a Natanael, un estudiante universitario, que comentara al respecto, y nos dijo: «¡Los chicos no harían tanto esfuerzo [en perseguir a las muchachas sexualmente] si las chicas no se vistieran como si eso fuera lo que quieren! Cuando los chicos ven a una chica con ropa ajustada o reveladora, es obvio que nuestro radar de chicas atractivas se enciende, y prestamos atención. Aun así, no pensamos que hay casamiento en potencia ni nada parecido. Si un chico es íntegro, desviará la mirada y la pasará por alto. Si no lo es, la buscará, pero por malas razones». Bien dicho, Natanael. ¡Gracias por disipar este mito!

SEGUNDO MITO

Todo coqueteo es bueno.

Quizá pienses que siempre es bueno coquetear, pero esto quizá se deba a que no entiendes lo que siente un chico con el coqueteo inadecuado. Una cosa es manifestarle a un chico que te interesa una relación más significativa con él, pero otra cosa es el coqueteo inadecuado, al que también podemos llamar «provocación» o «seducción». ¿Es bueno provocar a un chico en lo emocional o físico si no tienes la intención de tener una relación con él? ¿Es amoroso provocar a alguien con tu atención y tu afecto si no tienes ningún deseo de cumplir las ilusiones que puedas despertar en él? En nuestra opinión, cuando muestras un amor sincero y respeto por otros, no hay lugar para actuar como si tuvieras intereses sexuales con un chico cuando no es así en realidad.

Se dice que «las acciones hablan más fuerte que las palabras», pero nunca podemos descartar el efecto que pueden tener las palabras solas sobre otras personas y sobre nuestra integridad. Santiago 3:5-6 dice: «Así también la lengua es un miembro muy pequeño del cuerpo, pero hace alarde de grandes hazañas. ¡Imagínense qué gran bosque se incendia con tan pequeña chispa! También la lengua es un fuego, un mundo de maldad. Siendo uno de nuestros órganos, contamina todo el cuerpo y, encendida por el infierno, prende a su vez fuego a todo el curso de la vida». Si no quieres encender la lujuria de los chicos y quieres mantener tus propias pasiones bajo control, hazte el favor de elegir tus palabras y tus acciones con sabiduría. Demuestra tu interés por un chico en particular con una mirada, sonrisa o comentario amigable apropiados, pero asegúrate de no provocar deseos en su interior que no pueden satisfacerse hasta el matrimonio.

TERCER MITO

Necesito tener novio para sentir que soy «alguien». Tener novio resolverá todos mis problemas.

Información de última hora: Si piensas que *necesitas* un novio, *no estás lista* para tenerlo. Al contrario de lo que puedes haber visto en escenas de películas en donde un personaje le declara al otro: «¡Contigo estoy completo!», ningún ser humano puede completar a otro. Solo Dios puede «completarte». Sin embargo, muchas jovencitas tratan con todas sus fuerzas de encontrar a esa persona especial que les hará sentir que vale la pena vivir la vida (como si fuera imposible ser soltera y estar satisfecha).

Si alguna de las afirmaciones previas te describe, tenemos unos consejos para ti. ¡Hazte el favor y ten una vida propia! No me refiero a la vida de cuento de hadas de tus sueños en la que conoces a un chico maravilloso, te enamoras y vives feliz para siempre en la tierra de las maravillas. Necesitas vivir de verdad y reconocer lo que Dios quiso que fueras, luego tienes que hacer lo mejor que puedes para ser esa persona.

Quizá te preguntes: «¿Qué pasa si no me gusta cómo soy?». A lo mejor te sientes torpe, tímida e incluso fea. Tal vez anheles con desesperación estar con alguien. Con la ayuda de Dios, puedes aprender a aceptar las cosas que no puedes cambiar de ti misma y a cambiar las cosas que sí puedes. No te concentres demasiado en las cosas pequeñas y temporales, como el chico que no sabe que existes o los granos que aparecen a menudo en tu nariz. Da un paso atrás y mira el panorama más amplio. ¿Qué sueñas para tu vida? ¿Cuáles son tus metas en cuanto a la educación, la carrera, el servicio social o el ministerio? Busca esos sueños y metas con pasión. Te irás formando una idea de la persona que Dios tenía en mente cuando te creó, e incluso llegará a gustarte esta persona, sin importar si un chico se fija en ti o si te salen granos en la cara.

¿Por qué es tan importante tener una vida real y buscar metas personales? Porque un novio o un esposo nunca te harán feliz por completo. Punto. No importa cuán atractivo, rico, atlético, inteligente, temeroso de Dios o encantador sea. Ningún hombre puede hacerte sentir que eres alguien. Eso viene de saber lo especial que eres para Dios y de transformarte en la persona que Él tenía en mente cuando te creó. Transfórmate en esta persona y nunca tendrás que acudir a un chico para que te haga feliz. No lo necesitarás porque estarás encantada contigo misma y con tu vida.

También es verdad que cuánto mejor persona seas, mejor será la persona que atraigas. Si eres una persona temerosa de Dios, impulsada por sus metas, atraerás al mismo tipo de persona. No obstante, si en tu vida no hay nada más que una búsqueda para encontrar a alguien que llene el vacío en tu alma, atraerás a otra persona desesperada. Van a ser como dos garrapatas sin perro, chupándose la sangre el uno al otro. Y si creías que antes tenías problemas, ¡espera a que tengas que navegar a través de las aguas turbias de una relación disfuncional!

Mira, sabemos que ser soltera sin compromisos trae una serie de problemas. A veces te sientes sola. Te preocupa lo que la gente piensa de ti. Contemplas tu futuro y temes quedarte sola para siempre. Entonces, ¿adivina qué? Estar en una relación tampoco te libera de estos problemas. Solo intercambias una serie de problemas por otros diferentes. Cuando tienes un compromiso con alguien, pierdes la libertad de hacer lo que quieres. No puedes planear tu futuro porque tienes que considerar a esta otra persona y todavía te preocupa lo que la gente piensa de ti.

Es posible que pienses que media persona sumada a media persona más es igual a una relación completa, pero esto no es así. Dos personas en una relación multiplican los factores positivos y negativos mutuos. Si estás herida e incompleta, atraerás al mismo tipo de persona y los dos experimentarán apenas una fracción de lo que Dios tenía en mente, y mucho de lo que no tenía en mente.

Esperamos que no pienses que tenemos algo en contra de las citas amorosas o de las relaciones. Sin duda, no es así. Las relaciones de noviazgo saludables pueden ser sensacionales y el matrimonio es maravilloso en verdad. Con todo, una buena relación tiene que ver más con *transformarse* en la persona adecuada que con *encontrar* a la persona adecuada. Un matrimonio saludable es la unión de dos personas *ya completas* que eligen invertir el uno en el otro. Dos personas que se consumen entre sí porque no tienen nada que invertir, solo toman cosas del otro, contribuyen a una relación muy enfermiza y frustrante.

CUARTO MITO

En sí, los chicos quieren lo mismo del noviazgo que las chicas.

En caso de que no hayas escuchado bien antes, lo vamos a decir con claridad: A los chicos los motiva una serie de factores diferentes por completo que a las chicas. En la mayoría de los casos, los chicos dan *amor* para obtener *acto sexual*, y las chicas dan *acto sexual* para obtener *amor*. ¿Te das cuenta de la combinación peligrosa que puede resultar? Si no, quizá el siguiente ejemplo te ayude a entender con mayor claridad. Cristina, de diecisiete años, explica:

> Pensé que Daniel y yo estábamos en la misma sintonía. Yo quería una relación cercana e íntima, pero también quería guardar el acto sexual para el matrimonio. Él dijo que quería lo mismo, pero cuando nos quedamos solos a puertas cerradas, no habló demasiado antes de realizar el primer avance sobre mí. Durante un tiempo, estuve feliz hablando y besándonos. No tenía intención de ir más lejos, pero a la larga sus manos empezaron a deambular y me encendió el motor al punto de que lo dejé

hacer cosas de las cuales no estoy orgullosa. No tuve relaciones sexuales con él, pero me acerqué de forma peligrosa porque sentía como si tuviera que darle la cercanía física que quería para que se interesara en mí.

Cristina debió saber que era peligroso quedarse sola con Daniel a puertas cerradas una vez que comenzó a presionarla para hacer cosas físicas que ella no quería. Si eres tan ingenua como para permanecer en esta posición (y esperamos que no lo seas), pronto descubrirás que hablar y establecer lazos emocionales no es lo primero en la lista de prioridades de la mayoría de los hombres. No decimos que los hombres sean cerdos que solo quieran tener relaciones sexuales. Muchos conocen muy bien su propia vulnerabilidad como para no llevar a una jovencita a puertas cerradas si saben que no pueden controlar sus deseos sexuales. Aun así, decimos que Dios diseñó a los chicos en forma diferente. Están hechos para la estimulación visual. Su meta suprema es la intimidad física. Así están hechos. No es que no valoren ni quieran establecer lazos emocionales; muchos lo quieren. Sin embargo, no es su meta primordial.

Por otro lado, tú, como mujer, estás hecha para la estimulación relacional. Tu meta suprema es establecer lazos emocionales. Así estás hecha. Cuando se hace obvio que un chico quiere más físicamente de lo que puedes darle con la conciencia limpia, es hora de reconocer que esta relación no te honra ni a ti ni a Dios.

QUINTO MITO

Mi amor lo salvará. Puedo cambiarlo.

No cometas el error de salir con un chico que necesita serios arreglos antes de poder considerarlo como potencial para el matrimonio. A muchas jovencitas les atrae el lado salvaje y rebelde de un chico y emprenden la misión de moldearlo para que sea el hombre que quieren. Detestamos tener que decírtelo, pero no puedes cambiar ni salvar a nadie. Solo Dios se dedica a hacer eso con éxito. Ya se han hecho estudios. El amor de una mujer no cambia el comportamiento de un hombre roto. Solo lo valida. Su amor le dice: «¡Estás bien como estás!».

Cuando una joven intenta ser la salvadora de su novio, a menudo sale muy herida. En su libro *The Biblical Basis of Christian Counseling for People Helpers*, Gary Collins nos permite llegar a comprender esta realidad mientras nos explica el «complejo mesiánico»:

> El *complejo mesiánico* se refiere a la tendencia que tienen las personas comprensivas [...] de transformarse en salvadoras que intentan librar a otros de sus problemas y circunstancias difíciles de la vida. A veces, casi todos queremos ser mesías, salvando a la gente de las familias disfuncionales, de adicciones esclavizantes o de estilos de vida autodestructivos [...]
>
> [Sin embargo, cuando las personas] intentan ser salvadoras, los salvadores casi siempre terminan heridos. Incluso así, a veces sentimos la tentación de ser como un mesías. [Un amigo dice:] «Sería lindo si pudiera rescatar a la gente de su dolor y liberarla de sus problemas [...] pero siempre que me siento tentado a tomar ese papel, me acuerdo de lo impotente que soy y pienso lo que le pasó al verdadero Mesías. Lo crucificaron»[1].

Si no estás dispuesto a que te crucifiquen emocionalmente en el noviazgo, déjale la salvación y el cambio de otros al Señor. En su lugar, solo ora por los chicos que tienen que crecer y cambiar mucho antes de que puedan considerarse como potencial para el matrimonio.

Acuérdate, el tipo de persona con la que sales es el tipo de persona con la que te casarás. Asegúrate de que los jóvenes con los que salgas no necesiten una puesta a punto de carácter, ya sea por ti o por nadie más.

SEXTO MITO

Siento tantas tentaciones sexuales que ya debo ser culpable, entonces, ¿para qué preocuparme por resistir?

A Satanás le encanta usar la falsa culpa, convenciéndonos a cruzar la línea entre la tentación y el pecado con pensamientos como estos:

- ¡No puedes negar que te gusta! ¿Por qué entonces no vas detrás de él?
- Ya llegaste hasta aquí, ¿qué es un paso más?
- Él ya sabe cómo eres en verdad, ¡así que de nada vale fingir que eres una santita!

Satanás usa pensamientos como estos para hacerte sentir culpable, pero tu culpa es *falsa* porque todavía no has actuado sobre la base de tus pensamientos. Sentiste la tentación de pecar, pero no pecaste aún.

Cuando Jesús nos enseñó que pensar en cosas sexuales era igual de pecaminoso que hacerlas (véase Mateo 5:27-28), se refería a entretener pensamientos sexuales una y otra vez o a tener fantasías sexuales con alguien a propósito. Hay pensamientos que aparecen en nuestra mente solo porque somos humanos, pero no tenemos por qué entretenerlos ni concentrarnos en ellos. Podemos distraernos y resistirlos, al igual que podemos resistir cualquier tentación. Así como los chicos pueden aprender a desviar los ojos de las cosas que no deben ver, puedes aprender a desviar los pensamientos de las cosas en las que no tienes que concentrarte demasiado. Recuerda que la tentación en sí *no* es pecado. No tienes por qué sentirte culpable cuando te sientas tentada. Si no nos crees, tal vez le creas al autor de Hebreos cuando dice:

> Porque no tenemos un sumo sacerdote incapaz de compadecerse de nuestras debilidades, sino uno que ha sido tentado en todo de la misma manera que nosotros, aunque sin pecado. Así que acerquémonos confiadamente al

> trono de la gracia para recibir misericordia y hallar la gracia que nos ayude en el momento que más la necesitemos. (Hebreos 4:15-16)

¿Entendiste? ¡Jesús mismo fue tentado en todo! *¿Incluso sexualmente?*, piensas. ¿Por qué no en lo sexual? Era un hombre en todo el sentido de la palabra. Las mujeres hermosas lo seguían. Se extendió a ministrar mujeres a las que les habría encantado que las tuviera en sus brazos. El autor no dijo: «Ha sido tentado en todo excepto en lo sexual». Jesús era humano y experimentó todas las tentaciones humanas. Nos dio el ejemplo de que solo por ser tentados sexualmente, no significa que tengamos que ceder a nuestras pasiones.

SÉPTIMO MITO

Nadie entendería mi lucha en realidad.

Creemos que este mito existe porque, por miedo a que las juzguen, las chicas casi nunca hablan con franqueza sobre su vida sexual con otras mujeres. Es lamentable que estos temores se confirman muy pronto en la infancia. Por ejemplo, una niña le cuenta a una amiga que está enamorada en secreto de un niño de su clase. Es inevitable que la amiga le cuente el secreto a dos amigas más, o peor aun, le cuente al niño la confesión de la niña. Si pasaste por experiencias similares, es probable que aprendieras a guardar de otras mujeres tus secretos más profundos y oscuros.

En algunos casos, las chicas crecen teniendo como mejor amigo a los varones porque sienten con firmeza que no se puede confiar en las chicas. Muchas también aprenden a los golpes que confiar en los varones puede ser *más* peligroso que confiar en una amiga. Todo lo que puede hacer una chica es traicionar tu confianza. Un chico puede aprovechar tu vulnerabilidad y convertirte en su próximo blanco sexual si no estás bien parada en tus convicciones.

Las jóvenes también tienen la tendencia a cerrarse en cuanto a sus luchas sexuales por la humillación que trae dar acto sexual para obtener amor. Mientras que puede ser que algunas alardeen de que tengan relaciones sexuales con un chico en particular, la mayoría no hace alarde del número total de compañeros sexuales que ha tenido. Esto se debe a que, para la mujer, la relación es el premio; el acto sexual fue solo el precio que tuvo que pagar para obtener el premio. Si pagó el precio y no obtuvo el premio, siente una humillación enorme y se da cuenta de que su cuerpo no bastó para mantenerlo interesado. ¿Quién quiere anunciarle al mundo este tipo de vergüenza?

Esperamos que si sabes lo comunes que son estos asuntos entre las mujeres, no dudes en hablar de tus luchas sexuales con una adulta de confianza o una amiga cristiana madura. Creemos que noventa y nueve coma nueve por ciento de las mujeres enfrentan tentaciones sexuales de diferentes grados.

Pablo nos dice en 1 Corintios 10:13: «Ustedes no han sufrido ninguna tentación que no sea común [a las mujeres]. Pero Dios es fiel, y no permitirá que ustedes sean [tentadas] más allá de lo que puedan aguantar. Más bien, cuando llegue la tentación, él les dará también una salida a fin de que puedan resistir». Pablo no dijo: «Si experimentan tentación sexual, algo debe andar mal en ustedes porque nadie más lucha tanto con eso». Dijo que todas las tentaciones son «comunes». Y como Dios crea a todos los seres humanos (sin importar el género, la nacionalidad ni el trasfondo económico) como seres humanos sexuados, puedes apostar que las tentaciones sexuales y relacionales son las más comunes del planeta.

¿Cuál es la «salida» que Dios provee en general para que puedas resistir la tentación? ¿Acaso apaga tus emociones de plano? No. Una «salida» eficaz puede venir mediante el consejo sabio de un mentor cristiano de confianza, como un pastor de jóvenes, un maestro de Escuela Dominical o una amistad con rendición de cuentas* con una amiga de ideas afines que pueda alentarte a pararte firme en medio de la batalla. Dale a esta confidente permiso para preguntarte

* *rendición de cuentas:* tener que responderle a otra persona que te desafía a mantenerte en el buen camino.

cosas difíciles, personales, como por ejemplo: ¿Has hecho cosas con tu novio que provoquen deseos sexuales en alguno de los dos? ¿Has estado usando palabras insinuantes que puedan excitar a los chicos? ¿Has estado teniendo fantasías sexuales o mirando pornografía?

Si invitas a alguien a que asuma la responsabilidad por ti de esta manera, es más probable que examines con fidelidad la condición de tu corazón y de tu mente que si albergas estas cosas en tu interior. Cuando no logras vivir a la altura de los principios de Dios, un mentor sabio o una amiga de rendición de cuentas puede ser más severo contigo, no para juzgarte con dureza, sino para recordarte que uses el buen juicio.

PREPÁRATE PARA LA VICTORIA

Si creías en alguno de estos mitos, esperamos que este capítulo te haya ayudado a reconocer que estás en la línea de fuego en la lucha por la integridad sexual. Por favor, sigue leyendo mientras continuamos hablando sobre más verdades que te pueden ayudar a disipar estos mitos y a prepararte para proteger tu corazón, tu mente y tu cuerpo en nuestro mundo saturado de sexualidad.

> *Si ustedes me aman, obedecerán mis mandamientos. Y yo le pediré al Padre, y él les dará otro Consolador para que los acompañe siempre: el Espíritu de verdad, a quien el mundo no puede aceptar porque no lo ve ni lo conoce. Pero ustedes sí lo conocen, porque vive con ustedes y estará en ustedes.*
>
> *Juan 14:15-17*

Segunda parte

Evita la autodestrucción

5

Cuando alimentas tu propio fuego sexual

> Queridos hermanos, les ruego como a extranjeros y peregrinos en este mundo, que se aparten de los deseos pecaminosos que combaten contra la vida.
>
> 1 PEDRO 2:11

Dios nos dio muchos regalos maravillosos. El fuego es uno de ellos. Nos permite calentar los hogares, cocinar la comida y esterilizar instrumentos. También nos provee un inmenso placer cuando nos acurrucamos alrededor de una cálida chimenea en una tarde fría de invierno.

Aun así, a pesar de sus muchos beneficios, el fuego también puede ser muy peligroso: pregúntale a los cientos de personas que perdieron sus hogares por el fuego que ardió con furia durante semanas, fuera de control, al sur de California. O pregúntale a una mujer que conocemos que quemaba hojas y tiró gasolina al fuego para acelerar el proceso, ocasionando una explosión lo bastante importante como para causarle quemaduras de tercer grado en la mayor parte de las piernas. No entender ni respetar el potencial destructivo del fuego puede causar mucho dolor en lugar de placer.

¿Por qué toda esta charla sobre el fuego? Porque puede ayudarte a entender otro de los maravillosos regalos de Dios: el deseo sexual. El hambre por la conexión sexual puede ser a la vez placentera y funcional, pero también puede ser peligrosa si no la respetas y la alimentas sin necesidad. Cuando se usa como es debido dentro de los límites que Dios estableció para la relación sexual, solo dentro del matrimonio, los deseos sexuales de la mujer la acercan a su esposo hasta el nivel más profundo de conexión emocional y placer físico que pueda encontrar en cualquier relación terrenal.

Sin embargo, un sinnúmero de personas cede a la tentación de alimentar estos deseos sexuales mucho antes de estar casados e incluso en cualquier tipo de relación romántica. ¿Cómo? Mediante la masturbación o gratificación personal. Cuando escuches lo que varios de tus compañeros tienen que decir al respecto, creemos que verás que la masturbación no sacia ningún fuego sexual, sino que lo aviva en realidad.

CONFESIONES VERÍDICAS

Una amiga que se quedó a pasar la noche con Elena la introdujo en la masturbación cuando estaba en sexto grado. No sabía que la llevaría a una adicción de doce años que erosionó su autoestima.

> Siento que no puedo controlarme y me trae mucha culpa. Lucho con pensamientos sexuales y me excita solo pensar en masturbarme. Se lo he presentado al Señor muchas veces. ¿Qué puedo hacer? Es algo que me hace sentir muy sucia e inferior, pero incluso esto no parece suficiente para detenerme.

A veces, la masturbación se transforma en una tentación mayor de pasar a ser sexualmente activo. Denise confiesa que solía masturbarse como una manera práctica de evitar actos sexuales con otros. Aun así, a la larga el plan le salió mal.

> Siempre que me masturbaba antes de una cita amorosa, a menudo pensaba toda la tarde en lo insatisfecha que me sentía todavía. A menudo cedía y tenía relaciones sexuales debido a mi desilusión por la experiencia de la masturbación. Después me sentía culpable por las dos cosas.

Es posible que esta información te sorprenda si no sabías que tocarte en forma sexual era malo. Este era el caso de Emilia que nos explica en un correo electrónico:

> He estado luchando con la masturbación desde muy chica. Ni siquiera sabía que era malo ni nada por el estilo. Al crecer (tengo diecisiete años), se ha transformado en lo que más desprecio de mí misma.
>
> Nunca le cuento a nadie mi lucha. Si lo hiciera, es probable que piensen que soy una pervertida y nunca más me hablarían. Solo es algo que no se espera de alguien como yo. Crecí en un hogar muy estable y cariñoso con mis dos padres, a los que respeto más que a nadie. También soy una estudiante excelente y estoy muy involucrada en mi grupo de jóvenes. Siento que no tengo nadie a quién acudir en busca de ayuda y cada vez me alejo más de Cristo. Ya no puedo escuchar su susurro ni siquiera recuerdo de cuando lo hacía. ¿Cómo puedo parar esto y transformarme en una mujer temerosa de Dios?

Entonces, ¿qué aprendemos de Elena, Denise y Emilia?

- La masturbación no es solo un problema que enfrentan los muchachos. Nos tienta a la mayoría en algún momento de la vida, hombres o mujeres. No importa lo «buena», inteligente y popular que seas, ni el éxito que tengan tus padres, eres propensa a esta tentación. No importa dónde vivas, ni a qué escuela vayas, ni a qué iglesia asistas ni qué lugares frecuentes, puedes ser tentada a masturbarte. Nada te exime de eso.

- Si te sientes tentada a masturbarte, no significa que eres una mala persona, solo eres un ser humano con deseos y pasiones sexuales, así como todos nosotros. Si todavía no has sido tentada en esta forma, tampoco hay nada de malo al respecto. Solo ora a Dios y toma la determinación de resistir esta tentación si alguna vez se te aparece de repente.

- La masturbación puede crear dependencia y ser adictiva. Las personas que se masturban de forma compulsiva se dan cuenta de que aunque quieren parar, no pueden. A menudo el hábito las controla.

- El alivio momentáneo que puede traer la gratificación personal no vale el estrés a largo plazo que puede crear. Logra conducir a la vergüenza, a una autoestima baja y al temor de lo que otros pueden pensar o de que algo anda mal en ti.

- La masturbación no satisface los deseos sexuales; los intensifica. Si cedes a tus deseos sexuales mediante la masturbación, no adquieres práctica en el ejercicio del autocontrol. ¿Qué puedes esperar cuando un chico de mucha labia te empiece a susurrar palabras de amor al oído si ni siquiera puedes controlar tus deseos cuando estás sola?

- La gratificación personal puede formar algo parecido a una pared entre Dios y tú, haciendo que dejes de sentir su presencia. Aunque Dios nunca nos deja, el pecado habitual hace que nos sintamos distanciados de Él y de las personas que amamos.

- No dejarás de masturbarte de forma automática cuando te cases. Los hábitos que tienes de soltera son los mismos que arrastrarás al matrimonio.

Por favor, entiende que una vez que despiertas tus deseos sexuales, lo cual hace la masturbación, será muy difícil hacer que vuelvan a dormirse. ¡Una vez que empiezas a alimentar monstruos bebés, sus apetitos crecen y quieren MÁS! Es mejor no alimentar antes estos monstruos.

La victoria es posible

Aunque es verdad que el hábito de la masturbación es difícil de controlar, *no* es imposible. Como Cristal puede declarar, la única manera de matar un mal hábito es hacerlo pasar hambre hasta que se muera. Desde pequeña, tenía el hábito de masturbarse antes de irse a dormir la mayoría de las noches, pero ya no.

> Al principio me masturbaba por el placer que me traía, pues me sentía bien. En la adolescencia, creía que la masturbación aliviaría mi estrés para que pudiera relajarme y dormirme. No tenía idea de que estaba creando un hábito que me perseguiría hasta tener más de veinte años.
>
> Cuando comencé a entender lo adictivo que era para mí, me di cuenta que Dios no quería que viviera siendo esclava de este pecado. Me acostaba en el dormitorio de la residencia de estudiantes, desesperada por evitar masturbarme, detestándome por sentir la necesidad de hacerlo. Me quedaba despierta en la noche, caminando por los pasillos de la residencia de estudiantes hasta altas horas de la madrugada a fin de cansarme hasta el punto de poder dormirme sin masturbarme. ¡En verdad me ayudó a romper el hábito! Después de semanas de hacerlo, puedo decir con sinceridad que sé que ya no tengo que ceder a esta tentación. Dios me mostró una salida.

Matar de hambre un mal hábito quizá duela, pero no duele tanto como dejar que te domine. Por eso Pedro nos advirtió: «Queridos hermanos, les ruego como a extranjeros y peregrinos en este mundo, que se aparten de los deseos pecaminosos que combaten contra la vida» (1 Pedro 2:11).

La manera del mundo contra la manera de la Palabra

Es lamentable, pero vivimos en un mundo que promociona la masturbación como una manera adecuada para liberar la tensión o el deseo sexual. Por ejemplo, Meghan Bainum, una columnista del periódico escolar de la Universidad de Kansas (ah, y modelo de *Playboy*), escribió:

> A veces, incluso si hay un compañero disponible para juguetear, no hay nada como tomar el asunto en tus propias manos [...] ¿Pero qué pasa cuando un compañero inoportuno, como un compañero de cuarto, sofoca tu aventura erótica? La masturbación en una situación grupal presenta algunos problemas, pero querer es poder[1].

Aunque algunos cristianos bienintencionados no están de acuerdo con nuestro punto de vista, creemos con firmeza que la masturbación puede apartarte del plan perfecto de Dios para tu sexualidad. Antes de que busques el consejo de tus compañeros o de cualquier otro, pregunta su opinión a través de la lectura de la Palabra y la oración.

Aquí están algunos de los argumentos más comunes que escucharás a favor de la masturbación, junto con nuestras respuestas:

- *La autoexploración sexual es normal, saludable e inocente.* Aunque puede ser normal y saludable que los chicos pequeños «descubran» sus órganos sexuales y su respuesta al estímulo genital, creemos que llega una edad de responsabilidad (en algún momento entre la pubertad o apenas luego) en la que todos deben aprender a tener responsabilidad sexual y autocontrol. Cuando la autoexploración se transforma en masturbación (que en el caso de las mujeres a menudo incluye fantasías sexuales acerca de otros y a veces el uso de pornografía), pasa a ser un hábito enfermizo que despoja al joven de su inocencia sexual.

También creemos que la masturbación no es saludable porque puede entrenar a una persona a «ejecutar un solo», a operar sin tener en cuenta a otra persona. Cuando te masturbas, preparas a tu cuerpo y a tu mente para que sepan qué te produce placer y cómo llegar al orgasmo*. Cuando te cases, si tu esposo no puede satisfacerte de la misma manera, esto puede hacer que tu vida sexual en el matrimonio sea muy frustrante y decepcionante. Si no, pregúntale a Carla:

> Me desilusionó nuestra vida sexual cuando me casé. Esperaba que mi esposo tuviera el mismo toque mágico que yo tenía, pero es más brusco y agresivo de lo que estoy acostumbrada. He intentado enseñarle lo que me gusta, pero una noche, luego de intentarlo, me respondió: «¿Por qué no lo haces tú misma si no te gusta como lo hago yo?». Por un lado fue un alivio y al fin pude hacer lo que me hacía sentir bien, pero por otro lado sé que el hecho de que no me excita tanto su toque como el mío debe haber sido un golpe para su ego.

La mayoría de los esposos disfrutan y sienten placer cuando pueden conducir a sus esposas al orgasmo. Si en general llegas al orgasmo mediante la masturbación, tal vez le robes a tu esposo este placer, insistiendo que te permita «ayudarlo».

- *No involucra a nadie más, así que no puede estar mal.* Mientras que la masturbación tal vez no involucre a otro de forma física, a menudo involucra a alguien en la mente. Para tener un orgasmo, la mujer soltera en general entretiene fantasías sobre gente con la que no está casada cuando se masturba. Estas fantasías mentales son tan dañinas para tu integridad sexual como entrar en actividad sexual con un compañero, pues puedes crear un estándar en tu mente que ningún ser humano, incluyendo a tu futuro esposo, logre alcanzar.

---

* *orgasmo*: el clímax de la excitación sexual de la mujer.

- *Las Escrituras no lo mencionan.* Aunque la palabra *masturbación* no aparece en las Escrituras, en muchos lugares la Biblia sí trata asuntos relacionados con pensamientos lujuriosos e inmoralidad sexual. Aquí hay algunos ejemplos de lo que creemos que dice la Biblia sobre la masturbación y se relaciona con actividades mentales:

> Entre ustedes ni siquiera debe mencionarse la inmoralidad sexual, ni ninguna clase de impureza o de avaricia, porque eso no es propio del pueblo santo de Dios. (Efesios 5:3)

> Por tanto, hagan morir todo lo que es propio de la naturaleza terrenal: inmoralidad sexual, impureza, bajas pasiones, malos deseos y avaricia, la cual es idolatría. (Colosenses 3:5)

> La voluntad de Dios es que sean santificados; que se aparten de la inmoralidad sexual; que cada uno aprenda a controlar su propio cuerpo de una manera santa y honrosa, sin dejarse llevar por los malos deseos como hacen los paganos, que no conocen a Dios. (1 Tesalonicenses 4:3-5)

No somos santurrones y sabemos que casi todos experimentan con la masturbación. Con todo, eso no significa que sea bueno para ti. Incluso si nos creyéramos el argumento de que la masturbación no es pecado porque no se menciona en las Escrituras, volveríamos a referirnos a lo que Pablo escribió en 1 Corintios 10:23: «"Todo está permitido", pero no todo es provechoso. "Todo está permitido", pero no todo es constructivo».

En resumen, la masturbación puede esclavizarte y ponerte en cautiverio. Creemos que ese solo hecho es razón suficiente para abstenerte directamente de la práctica. Si descubriste el placer de la masturbación, es hora de que deje de controlarte.

Devolvamos nuestros deseos a Dios

Queremos cerrar este capítulo con una última razón por la que la masturbación es mala: La gratificación personal es una respuesta muy orgullosa a nuestros deseos humanos. Estas acciones le dicen a Dios: «Tal vez quieras que aprenda a esperar a satisfacer mis deseos sexuales hasta el matrimonio, pero no quiero. Tu manera lleva demasiado tiempo y requiere demasiado autocontrol. Voy a hacer las cosas a mi manera». ¿Percibes el orgullo en esta actitud? ¿Sientes el rechazo a la soberanía de Dios y a su habilidad para ayudarte a ejercer el autocontrol?

Dios hizo cada fibra y nervio de tu cuerpo, y sabe cómo te sientes. Te conoce mejor que lo que te conoces a ti misma. Sabe que es difícil esperar, pero también sabe que su manera es la mejor.

Vuelve a colocar tus deseos sexuales en las manos de Dios en lugar de tomar cartas en el asunto. Ante todo, Dios es el que te dio estos deseos, y anhela ayudarte a controlarlos hasta que se puedan satisfacer de acuerdo a su plan. Una vez que le permitas que demuestre su eficiencia en esta esfera, entenderás que la gratificación personal en ningún modo te satisface de verdad. Si quieres que tu cuerpo, tu mente, tu corazón y tu espíritu permanezcan puros, esfuérzate por alcanzar la gratificación que viene de Dios en lugar de la gratificación personal.

> *¿Quién puede subir al monte del SEÑOR? ¿Quién puede estar en su lugar santo? Solo [la] de manos limpias y corazón puro, [la] que no adora ídolos vanos ni jura por dioses falsos.*
>
> *Salmo 24:3-4*

6

Hazte amiga del espejo

Así, todos nosotros, que con el rostro descubierto reflejamos como en un espejo la gloria del Señor, somos transformados a su semejanza con más y más gloria.

2 CORINTIOS 3:18

¿Qué ves cuando te miras al espejo? ¿Una amiga o una enemiga? ¿Estás agradecida por la creación de Dios o criticas su obra? ¿Cuánto tiempo y energía inviertes criticando los rasgos de tu cara, tu cabello o tu cuerpo? ¿Te comparas con modelos de cubiertas de revistas o con tus amigas y te desanimas porque al parecer no estás a la altura de las demás?

Lo que ves en el espejo tiene mucho que ver con lo que sientes en el corazón.

Quizá te mires al espejo a menudo porque *sí* te gusta lo que ves, y mucho. Tal vez creas que los otros no están a tu altura. Quizá la vanidad y el orgullo son un problema mayor para ti que una imagen corporal pobre.

En verdad, esperamos que ninguna de estas dos situaciones te describan. Esperamos que te guste lo que ves en el espejo porque eres una de las hermosas creaciones de Dios, pero también esperamos que no dejes que se te suba la belleza a la cabeza. En algún lugar en medio de «¡Detesto como me veo!» y «¡Miren qué buena estoy!» hay un equilibrio delicado que esperamos que encuentres y mantengas a través de la vida. ¿Por qué es tan importante? Porque cualquiera de estos extremos puede llevarte por el camino de la concesión sexual a la velocidad de la luz.

Al mirar hacia atrás en mi propia vida, veo cómo estos extremos a menudo me llevaron a buscar amor en lugares equivocados. Mientras pasaba por la pubertad en la preadolescencia, me sentía una morsa: bien maciza y torpe. Me preguntaba por qué no podía tener menor estatura como las animadoras de la escuela. Sin embargo, cuando llegué al primer año del instituto, mi cuerpo había cambiado por completo. Crecí varios centímetros y al parecer esos kilos de más se acomodaron justo en los lugares indicados para darme algunas curvas favorecedoras. Me gustaba la atención que obtenía con mi nuevo cuerpo, en especial de los chicos mayores, y aprendí que cuanto más mostraba esas curvas con la ropa adecuada, más atención recibía. Fue lamentable, pues mi nueva y audaz confianza me condujo a relaciones con muchachos que apreciaban mucho mi cuerpo, pero no me respetaban, y empecé a tener relaciones sexuales. Usaba el cuerpo para obtener su atención y sentía que tenía que usarlo para mantener esa atención.

Adelantemos cuatro años... me gradué del instituto y entré en las Fuerzas Armadas para ganar dinero para la universidad. Durante la primera semana de entrenamiento básico me pesaron y fue devastador que me ubicaran en la «lista de pollos rechonchos» hasta que bajara cinco kilos. No me gustó que me dijeran que estaba gorda y quería con desesperación que me afirmaran que *no* estaba demasiado gorda. Aunque me había comprometido a permanecer en abstinencia sexual unos meses antes de entrar a las Fuerzas Armadas, de repente me di cuenta que miraba con detenimiento a los reclutas masculinos, con la esperanza de que alguno me mirara. Me preguntaba si todavía tendría atractivos sexuales, incluso como «pollo rechoncho». Durante esas semanas de entrenamiento básico, consideré las insinuaciones sexuales de tres jóvenes diferentes, no porque quisiera tener relaciones sexuales otra vez, sino porque necesitaba la afirmación de que todavía era hermosa, incluso con sobrepeso.

Aunque no me enorgullece mi pasado, te cuento estos detalles íntimos porque quiero que entiendas un principio muy importante: Ya sea que estés demasiado orgullosa de tu apariencia o lo contrario, *cualquier extremo puede ser peligroso para tu salud sexual.* Si tu vanidad te lleva a situaciones sexuales con muchachos que piensan que estás buena o si tu pobre imagen corporal hace que te pegues a cualquier chico que afirme tu atractivo físico a pesar de cómo te sientas contigo misma, estás haciendo concesiones.

Es mucho mejor redefinir la belleza según la definición de nuestro Creador, en lugar de mirar al mundo y adoptar su definición retorcida.

PINTEMOS UNA NUEVA IMAGEN DE BELLEZA PERFECTA

¿De dónde saca la sociedad las ideas acerca de lo que hace hermosa a una chica? Sharon Hersh, autora de «*Mom, I Feel Fat!*», se sentó con veinticinco chicas de entre doce y catorce años de edad y les pidió que le describieran a la chica perfecta. Sus respuestas, en orden de importancia, fueron las siguientes:

- delgada
- rubia
- popular
- hermosa
- atlética
- con pechos grandes
- que tenga novio
- segura de sí misma
- con dientes derechos y blancos (¡sin aparatos de ortodoncia!)
- que tenga su propio auto
- que no tenga granos
- que tenga su propio teléfono[1]

Estamos de acuerdo con Sharon: la única que conocemos que encaja en esta descripción es Barbie. Es increíble cómo un juguete de la infancia puede moldear las ideas de una niña sobre el origen de la belleza. Carina, de diecinueve años, hizo eco del llanto del corazón de muchas mujeres cuando nos dijo:

> Mientras crecía, el reflejo en el espejo se parecía cada vez más a mi mamá que a Barbie. Me sentía traicionada por mi propio cuerpo porque no crecía para tener la forma que pensé que iba a tener.

Al igual que Carina, muchas jovencitas crecen con expectativas poco realistas acerca de sus cuerpos. No son solo las muñecas Barbie las que crean estas falsas ideas de belleza. También lo hacen las celebridades de la televisión, las estrellas de cine, las modelos de cubiertas de revista, los diseñadores de moda y muchos otros aspectos de la cultura pop actual.

Entonces, ¿de dónde viene la belleza en verdad? Regresemos a la Biblia para ver lo que el Creador de la belleza tiene que decir acerca de dónde viene y de cómo tenemos que usarla.

> Engañoso es el encanto y pasajera la belleza; la mujer que teme [respeta y sirve] al SEÑOR es digna de alabanza. (Proverbios 31:30)

> Que la belleza de ustedes no sea la externa, que consiste en adornos tales como peinados ostentosos, joyas de oro y vestidos lujosos. Que su belleza sea más bien la incorruptible, la que procede de lo íntimo del corazón y consiste en un espíritu suave y apacible. Esta sí que tiene mucho valor delante de Dios. Así se adornaban en tiempos antiguos las santas mujeres que esperaban en Dios. (1 Pedro 3:3-5)

¿Estos versículos dicen que no tenemos que peinarnos bien, ni usar joyas, ni ropas bonitas? Por supuesto que no. La Biblia solo dice que este tipo de belleza se desvanece y que no se puede depender de ella. Estos versículos nos recuerdan que la belleza física no dura para siempre y que no tendríamos que concentrarnos sobre todo en la belleza externa. Sin embargo, la belleza que viene de amar y servir a Dios con un corazón alegre es una belleza que permanece incluso cuando tu figura cae hacia el sur y las arrugas te adornan la cara. La verdadera belleza no proviene de un maquillaje fresco, del peinado de última moda ni de cómo luces en tus pantalones vaqueros. En su lugar, irradia desde el interior, desde un corazón que se deleita en el Señor.

He aquí otro versículo para considerar:

> Quedaste adornada de oro y plata, vestida de lino fino, de seda y de telas bordadas. Te alimentabas con el mejor trigo, y con miel y aceite de oliva. Llegaste a ser muy hermosa; ¡te sobraban cualidades para ser reina! Tan perfecta era tu belleza que tu fama se extendió por todas las naciones, pues yo te adorné con mi esplendor. Lo afirma el SEÑOR omnipotente. Sin embargo, confiaste en tu belleza y, valiéndote de tu fama, te prostituiste. ¡Sin ningún pudor te entregaste a cualquiera que pasaba! (Ezequiel 16:13-15)

El profeta Ezequiel se refería a Jerusalén en este pasaje y usó esta analogía para decir: «¡Oye! ¡Tomaron la belleza espiritual que Dios les dio y sirvieron a otros dioses con ella! ¡Están haciendo lo que quieren en lugar de ser un ejemplo para las otras naciones!». Creemos que este pasaje también tiene un mensaje para ti hoy. Dios dice (por medio de Ezequiel): «Tan perfecta era tu belleza [...] pues yo te adorné con mi esplendor». En otras palabras, la belleza perfecta es un regalo del Señor para todos los que creen en Él, no viene de una piel sin defectos, de dientes blanqueados ni de vaqueros de talla cero. Dios aún nos otorga belleza, espiritual y física, a fin de que seamos capaces de traerle gloria y atención a Él como nuestro Creador, no a nosotros. Tenemos que confiar en Dios para las cosas que queremos (como la atención y el afecto en relaciones saludables), no en nuestra belleza física. Esa belleza nos fallará a la larga, pero Dios nunca lo hará.

Cuando nos olvidamos de que la belleza proviene de un corazón que ama a Dios, suponemos que la belleza proviene de un cuerpo que luce de determinada manera. ¿Qué pasa si tu cuerpo no luce como la imagen de belleza que tienes en mente? ¿Qué efecto puede tener esto en la imagen de ti misma y en tus relaciones? Quizá Ana pueda responder esta pregunta mejor que nosotros.

La belleza a los ojos de un novio

Como Ana, de diecinueve años de edad, tiene sobrepeso, dice que no se siente para nada hermosa. Sin embargo, ser la novia de Misael le ayuda a sobrellevar esos sentimientos y le da esperanza de que si alguien la encuentra lo suficientemente linda como para salir con ella, quizá no esté tan mal después de todo. Ana supuso que tener novio curaría el dolor de la pobre imagen que tenía de sí misma, pero la experiencia probó lo contrario. Nos contó lo siguiente:

> Hace casi un año que salgo con Misael. Al principio era encantador y me trataba bien, pero los momentos mágicos pasaron al recuerdo. Todo comenzó con un comentario ocasional en el que dijo que si lo amaba, tenía que estar dispuesta a tener relaciones sexuales con él. Por supuesto que lo amaba y quería con desesperación que él me amara, así que comenzamos a tener relaciones sexuales. Luego comenzó a querer que lo ayudara a pagar las cuentas, ya que estaba en la universidad y yo trabajaba. Otra vez le seguí la corriente para probar mi amor y asegurarme de no perder el suyo. Luego comenzó a decir cosas feas sobre mi apariencia, como por ejemplo: «Si quieres que te vean conmigo, tienes que arreglarte un poco... Deja de comer tanto, no quiero que mis amigos me vean con una gorda... Si no te puedes vestir mejor, voy a tener que

> buscarme otra novia». Supongo que lo dejo que me trate así porque temo que algún otro no me quiera por mi sobrepeso. Si este es el precio que tengo que pagar por amor, supongo que estoy dispuesta a pagarlo porque no creo que pueda vivir sin él.

Cuando le preguntamos a Ana por qué pensaba que no podía vivir sin Misael, nos dijo que quiere tener la seguridad de tener novio, incluso si la trata mal. Entonces, si no fuera tan insegura, ¿pensaría lo mismo? Si supiera lo preciosa y hermosa que es porque es la obra del Señor, ¿necesitaría tener novio para sentir que puede ser amada? ¿Permitiría que la maltrataran si tuviera una mejor autoestima? Es probable que no.

Por supuesto, como dijimos antes, tener una autoestima baja no es la única motivación por la que una mujer entra en una relación sexual. A veces pasa lo contrario.

Cuando la belleza te lleva por mal camino

Reina ganó muchos concursos de belleza, pero ganar la batalla contra su trastorno alimenticio y contra la concesión sexual ha sido mucho más difícil. Durante años luchó con la anorexia nerviosa, un trastorno alimenticio que se caracteriza por negarse a mantener un peso corporal adecuado y por un miedo intenso a subir de peso o ponerse gorda, aunque esté por debajo del peso normal. Nos dice:

> Crecí en el escenario de los concursos de belleza y me presioné mucho a fin de estar delgada y lucir hermosa. Me mataba de hambre para perder cada vez más peso, pero ningún número en la balanza era suficientemente bajo para mí. Mi identidad estaba en ser delgada y tenía miedo de lo que sucedería si alguna vez comenzaba a subir de peso.
>
> Mi trastorno alimenticio me daba una sensación de poder y control, así como lo hacía mi habilidad para atraer la atención de los muchachos con mi apariencia.

> Comencé a salir con un cristiano llamado Josué que me trataba con mucho respeto, nunca me presionaba para hacer algo físico. Fui a un retiro en una montaña con algunos amigos y lo llamé para que nos acompañara. Tenía mi propio cuarto, así que cuando dijo que vendría, recuerdo que tramé que iba a «recompensar» a Josué por venir a verme. Cumplíamos seis meses juntos y estaba en mi momento de mayor delgadez, lo cual me hacía sentirme no solo esbelta, sino también poderosamente seductora. Decidí que le daría mi virginidad esa noche, sin darme cuenta de que le robaría la suya en el proceso. No puedo creer que sentirme hermosa me llevó a hacer una cosa tan horrible.

Como nos muestra la historia de Reina, ser delgada quizá te haga sentir atractiva por fuera, pero si usas tu belleza en forma egoísta, eres una persona poco atractiva por dentro, que es donde más cuenta. Tú puedes, sin embargo, elegir la belleza interior *y* la exterior.

ELIGE SER BELLA

Pensamos poner un gráfico o cuadro en este capítulo a fin de mostrar los pesos mínimos y máximos para jovencitas, pero al final decidimos no hacerlo. ¿Por qué? Porque no queremos perpetuar el mito de que la belleza proviene de un determinado número en la balanza del baño. Sin embargo, a pesar de que la verdadera belleza no se puede medir por la apariencia externa, lucir bien por fuera es un tanto importante porque representas a Dios. El secreto para lucir y sentirte lo mejor posible es comer las cantidades adecuadas y hacer ejercicio para mejorar o mantener tu metabolismo y tu fuerza muscular; tu cuerpo se establecerá en el peso que es del todo perfecto para ti.

Sin embargo, la belleza no está «en espera» hasta que alcances el peso perfecto. Puedes sentirte hermosa con cualquier peso, o puedes sentirte miserable hasta que la balanza muestre algún número mágico que quizá nunca alcances o con el que tal vez nunca estés conforme. Es tu decisión.

Piénsalo. Es probable que conozcas a alguien a la que le quedan fantásticos los vaqueros, pero que tiene una personalidad tan egocéntrica o una actitud tan horrible que la palabra «hermosa» nunca sería la que usarías para describirla. Por otro lado, quizá conozcas a alguna chica a la que no llaman los representantes de modelos, pero que es una de las personas más hermosas que conoces.

Una de las jóvenes más hermosas que conocemos es Tracy, de veinte años de edad.

Mimos con propósito

Con un metro ochenta de alto y una talla dieciséis, la belleza de Tracy sobrepasa cualquier modelo minúsculo y delgadísimo que hayamos visto. Es demasiado inteligente como para estar de acuerdo con el mito de que un estómago plano equivale a una vida de felicidad y tampoco le da demasiada importancia a la apariencia externa (aunque es una mujer muy linda). Nunca la escucharás quejarse por el tamaño de sus muslos ni siquiera por la enorme cicatriz que tiene en el pecho por una cirugía de corazón que tuvo de pequeña. Su belleza irradia desde el interior y refleja la belleza incomparable de Jesucristo como ninguna otra joven que haya conocido. Su actitud positiva, su corazón servicial y su deseo profundo de ayudar a otros la hacen deslumbrante por completo.

Aunque la meta principal de la carrera de Tracy es llegar a ser una cosmetóloga con su propio salón, anhela ayudar a otras mujeres a descubrir y mejorar su belleza natural para que se sientan bien acerca de la persona que Dios tenía en mente cuando las creó, especializándose no solo en transformaciones físicas, sino *espirituales*. Debido a esto, sirve a pacientes en hospitales lavándoles y peinándoles el cabello, arreglándoles las uñas y haciéndolas sentir mejor consigo mismas mientras están confinadas a una cama de hospital. ¡Esos sí que son mimos con propósito!

Tracy descubrió que la verdadera belleza irradia desde el interior y al final le da gloria a Dios porque hace que otros quieran conocerlo al conocernos mejor. Al amar y servir a Cristo con todo el corazón puedes descubrir, al igual que Tracy, la verdadera fuente de la belleza genuina.

Otra muchacha hermosa que conocemos es Tina. Antes la atormentaba su reflejo en el espejo, pero ahora es una prueba viviente de que puedes creer que eres hermosa cuando decides creer lo que dice tu Creador de ti.

Halagada por el Creador

Mientras crecía, Tina fue desarrollando un caso serio de acné que le dejó cicatrices profundas no solo en la cara, sino también en el corazón. Los compañeros se burlaban y la hostigaban sin piedad y ella pensaba que era horrible. Después que asistió a un retiro de jóvenes a los dieciocho años de edad, comenzó a sanar y a cambiar la manera de mirarse. Algunas semanas luego del retiro, escribió la siguiente nota:

> Cantar de cantares 4:7 dice: «Toda tú eres bella, amada mía; no hay en ti defecto alguno». ¡Dios cree que soy hermosa! ¡El Creador del universo que colgó el sol, la luna y las estrellas dice que soy hermosa! Nunca me daba cuenta de lo poderosas que son esas palabras. Si Dios habló y el mundo se creó, su palabra es poder. Si Dios dijo: «Que exista la luz» y hubo luz, entonces si dice que soy hermosa, lo soy. Quizá me lleve un tiempo verme de esta manera, pero Dios lo dijo y eso hace que sea verdad. Si Dios piensa que soy hermosa, creo que no importa lo que piensen los demás.

En estos días de la cirugía plástica, la liposucción y las transformaciones «extremas», creemos que es hora de que todas las jóvenes se vean como las ve Dios, así como lo hizo Tina. Adopta estas palabras del Salmo 139:13-16:

Tú creaste mis entrañas;
  me formaste en el vientre de mi madre.
¡Te alabo porque soy una creación admirable!
  ¡Tus obras son maravillosas,
  y esto lo sé muy bien!
Mis huesos no te fueron desconocidos
  cuando en lo más recóndito era yo formado,
  cuando en lo más profundo de la tierra
  era yo entretejido.
Tus ojos vieron mi cuerpo en gestación:
  todo estaba ya escrito en tu libro;
  todos mis días se estaban diseñando,
  aunque no existía uno solo de ellos.

Mientras vamos cerrando este capítulo sobre la imagen corporal, quisiéramos que pensaras en las mujeres que respetas y admiras. Considera a los personajes femeninos de la Biblia, a figuras históricas o a mujeres especiales en tu vida y confecciona una lista de las que más te impactan. Luego permítenos preguntarte lo siguiente.

¿QUÉ REFLEJARÁ LA HISTORIA SOBRE TI?

¿Por qué son tan especiales las mujeres en tu lista? ¿Cuál fue la contribución de cada una de ellas a la sociedad o a tu vida? ¿Las admiras por su belleza física o su peso, o por la belleza de sus obras y el valor de lo que han invertido en la vida de otras personas?

¿Qué me dices de ti? ¿Por qué cosas quieres que te recuerden? ¿Por tu obsesión con la apariencia y el peso o por tu pasión por amar y servir a otros? ¿Quieres pasarte la vida mirando espejos, distraída con tu propio reflejo y comparándote con los demás, o quieres invertir la vida mirando más allá de ti misma a un mundo de gente que necesita experimentar el amor de Dios por medio de ti?

Recuerda, Jesús dijo que tenemos que amar a los demás *como nos amamos a nosotros mismos* (véase Mateo 22:39). Por lo tanto, para amar a otros de la manera en que Dios quiere, tenemos que empezar con la persona que nos mira desde el espejo todas las mañanas. Aspira a ese equilibrio perfecto que se encuentra entre los dos extremos del odio y la vanidad. Adopta una actitud que diga: «Me quiero porque Dios me hizo y cada día soy más hermosa porque me estoy pareciendo más a Jesús».

Cuando te hagas amiga del espejo y pases a preocuparte por asuntos más importantes, reflejarás una belleza mucho más profunda que cualquier estrella de cine o modelo, y descubrirás un propósito para tu vida que trae un gozo mucho mayor que un número mágico en la balanza.

El rey está cautivado por tu hermosura; él es tu Señor: inclínate ante él [...] La princesa es todo esplendor, luciendo en su alcoba brocados de oro. Vestida de finos bordados es conducida ante el rey, seguida por sus damas de compañía. Con alegría y regocijo son conducidas al interior del palacio real.

Salmo 45:11, 13-15

7

Realiza un control de realidad

Hemos renunciado a todo lo vergonzoso que se hace a escondidas; no actuamos con engaño ni torcemos la palabra de Dios. Al contrario, mediante la clara exposición de la verdad, nos recomendamos a toda conciencia humana en la presencia de Dios.

2 CORINTIOS 4:2

En el número del *New York Times* del 22 de mayo de 2002, la periodista Corey Kilgannon escribió:

> De día, era Christina Long, una niña monaguillo de trece años y cocapitana del equipo de animadoras de la escuela católica romana San Pedro en Danbury, Connecticut, en donde el director decía que era una «buena estudiante que se portaba bien».
>
> Sin embargo, en las tardes, dicen las autoridades, se conectaba a Internet con el nombre de pantalla de «DemasiadoCalienteparaTi» y el lema: «Haré lo que sea al menos una vez». Según la policía, en su habitación usaba la computadora para vagar por salas de charla y conocer hombres adultos con fines sexuales, mientras que su estado civil aparecía como «tal vez sea soltera, tal vez no».
>
> Un lunes temprano, encontraron el cuerpo de Christina en un elevado barranco sobre una calle del condado de Greenwich. Según las autoridades, la estranguló un

> hombre de veinticinco años de edad de Greenwich que conoció en una de esas salas de charla.
>
> Dicen las autoridades que el hombre, Saúl Dos Reis, había tenido varios encuentros sexuales con Christina antes de matarla el viernes por la noche y arrojar su cuerpo[1].

Si estás pensando: *¡Eso nunca me va a pasar!*, piénsalo de nuevo. ¿Por qué *no* a ti? En realidad, si eliges interactuar con extraños por Internet, ¿qué te exime de ese tipo de enredos? ¿Cómo sabes que las personas al parecer buenas en las otras computadoras le interesan de verdad tu bienestar? ¿Cómo sabes que son lo que dicen que son? ¿Qué te da la suficiente confianza en su carácter como para prestarles una pizca de tu atención, y ni hablar de una inversión significativa de tu tiempo y energía emocional? ¿Puedes estar segura de que no son en realidad asesinos en masa, violadores en serie o pornógrafos infantiles?

NO ES LA REALIDAD

Aunque conocer chicos por Internet quizá parezca una diversión segura, no te dejes engañar. Las relaciones cibernéticas pueden estar tan alejadas de la realidad como los cuentos de hadas que leías cuando eras pequeña. Quizá parezca maravilloso ser la Cenicienta o Blancanieves y enamorarse de un príncipe encantador, casarse y vivir «felices para siempre», pero así no funcionan las relaciones en la vida real, y por buenas razones.

¿Cuánto sabían la Cenicienta y Blancanieves sobre sus príncipes cuando aceptaron casarse con ellos, además del hecho de que eran atractivos y encantadores? Cero. Nada de nada. Aunque esto te haya parecido maravilloso cuando eras pequeña, esperamos que seas sabia y madura como para ver que este tipo de cuentos se basan en la fantasía, y muchas fantasías, si se viven en serio, resultan en tragedias en lugar de en una gran historia de amor.

No necesitamos decirte lo populares que son las salas de charla en Internet. Es probable que lo sepas porque, si nunca navegaste en la Red para conocer a alguien, es probable que conozcas a otro que sí lo ha hecho. O quizá tú o alguien que conoces hayan llegado tan lejos como para practicar el *cibersexo*, en donde dos personas se excitan entre sí con conversaciones sexuales por Internet.

John Eldredge escribió acerca de esta nueva fascinación con el ciberespacio en su libro *The Journey of Desire*:

> Las relaciones cibernéticas lanzaron la búsqueda del hombre o la mujer perfectos a un nuevo nivel, pues el halo de misterio se puede mantener por mucho más tiempo. El amor cibernético nunca tiene mal aliento, una terminal no puede contagiarte una enfermedad de transmisión sexual y nadie tiene por qué saberlo[2].

John tiene razón. En una relación cibernética solo ves las cosas buenas que la otra persona quiere que veas mediante correos electrónicos y mensajes instantáneos. En las relaciones de verdad con gente de verdad, ves el paquete completo: lo bueno, lo malo *y* lo feo.

Las relaciones cibernéticas pueden ser engañosas y dañar tu habilidad para formar relaciones saludables con muchachos con los que interactúas en persona. Es difícil para cualquier relación vivir a la altura de la fantasía de una relación virtual. En realidad, hasta las relaciones saludables a veces son decepcionantes, frustrantes y aburridas. Así que incluso si una relación virtual se transforma en una verdadera, ese halo de misterio se desvanecerá y al final irán apareciendo las desilusiones, frustraciones y aburrimiento de las relaciones reales.

Además, en las relaciones virtuales solo tienes un panorama unidimensional del carácter de alguien. Ves solo el lado que la persona te permite que veas. Sin embargo, en las relaciones de verdad, puedes ver un panorama más complejo y tridimensional, al ver cómo un muchacho interactúa con sus padres, cómo trata a su hermanita, cómo trata a sus amigos, a otras chicas, etc. Necesitas ver todas estas cosas antes de formar un juicio justo sobre el verdadero carácter de una persona y de si te gusta o no.

La Figura 7.1 resume las diferencias entre las relaciones virtuales y las reales.

¿CUÁL ES EL ATRACTIVO?

¿Por qué buscar romance en la Web? ¿Qué hace que estas relaciones virtuales sean tan atractivas?

He aquí algunas de las razones que escuchamos, junto con nuestras respuestas y lo que creemos que son las verdaderas razones, pero quizá del subconsciente.

- *Es excitante tener una relación íntima con un extraño.* Aunque estamos de acuerdo en que las nuevas relaciones quizá sean excitantes, no te engañes. ¿Desde cuándo sentarse en un escritorio a mecanografiar es algo «íntimo»? Enterarse de cosas sobre una persona que acabas de conocer *no* es intimidad, es solo algo nuevo. Intimidad es ver lo que *de verdad* hay dentro de la otra persona, lo cual solo se descubre cara a cara luego de largos períodos. Cuando conoces a un chico por primera vez y pasas horas hablando con él

Relaciones virtuales	Relaciones reales
• se basan en la fantasía	• se construyen sobre la realidad
• requieren poco esfuerzo	• requieren trabajo relacional
• no involucran rendición de cuentas	• se viven en la presencia de otros
• involucran un falso halo de misterio y pretensión	• requieren integridad y confianza mutua
• dan un panorama unidimensional de la persona	• dan un panorama tridimensional de la persona

Figura 7.1

por Internet, es emocionante y estimulante. Aun así, ten cuidado de no confundir *intensidad* con *intimidad*. La intensidad se desvanece cuando se termina lo nuevo, pero la intimidad florece a medida que conoces a una persona.

- *Puedo ser la persona que yo quiero cuando me conecto.* Esta respuesta refleja una autoestima baja. Como temes que a la gente no le interese quién eres en realidad, te gusta fingir que eres alguien que para ti es más atractiva o divertida de lo que eres. De modo que si no eres tú misma, si te escondes o finges ser alguien que no eres, ¿cómo puedes estar conforme con lo que este chico siente por ti? Ni siquiera te conoce. También recuerda que *él* puede ser la persona que se le ocurra.
- *Me gusta que a alguien le interese conocerme sin importarle mi apariencia.* Claro, pero ni se te cruce por la cabeza la idea de que con el tiempo no le va a interesar conocer tu apariencia física. Así están hechos los chicos. ¿Y qué harás entonces? ¿Para qué llegar a esto? No quedes atrapada.
- *Solo me gusta conversar con un chico sin que haya expectativas de que suceda algo en el ámbito físico.* Es probable que no quieras llevar las cosas a un nivel físico ahora, pero luego de que le cuentes todo lo que hay en tu corazón y te tragues cada palabra que te ha hecho creer, querrás ir más allá de lo emocional. Una vez que le das tu corazón, las ganas de conocerlo, de estar en sus brazos, de sentir sus besos y demás pueden atraerte por el camino de la concesión sexual.

Sospechamos que además de una *autoestima baja*, las jóvenes desean conocer personas por Internet debido a esos dos asuntos:

- *Soledad.* Si sientes que no tienes ningún amigo cercano o posible novio, es probable que te sientas tentada a salir de tu parte del mundo y buscar en la Web para encontrar amistad. Sin embargo, como las relaciones cibernéticas a menudo consumen la energía que casi siempre se invertiría en relaciones reales, es probable que estés haciendo agujeros en el mismo balde que quieres llenar y perdiendo la posibilidad de desarrollar amistades más significativas.

- *Presión de los compañeros.* Solo porque «todos lo hacen» no significa que es una buena idea, ni que sea bueno ni seguro. Si tus amigas conocen chicos por la Web, tal vez quieras prestarles este libro y alentarlas a que lean este capítulo en particular. En lugar de dejar que te arrastren por mal camino, aliéntalas a que encuentren el buen camino hacia las relaciones saludables.

Lecciones aprendidas

Por supuesto que no podemos decir que todos los encuentros en el ciberespacio terminan mal, pero es mucho más probable que las relaciones virtuales sean más engañosas que las reales. Mientras escribimos este libro, le preguntamos a ciento veinte jovencitas si alguna vez les atrajo una relación malsana por Internet y les pedimos que nos contaran su experiencia. Esperábamos recibir al menos cuatro o cinco respuestas. Nos impactó recibir diez veces esa cantidad. Aunque no pudimos incluir todas las respuestas que recibimos, las de Amelia, Aída y Flor representan lo que muchas de tus compañeras nos contaron sobre sus experiencias navegando por la Red para conocer a un chico.

Cuando Amelia tenía trece años de edad tuvo un problema de depresión, pero descubrió que la Internet podía ser un acogedor escape. Nos dijo: «Descubrí que podía inventar mi propia identidad y nadie conocía mi pasado ni le interesaba mi apariencia». Amelia comenzó a pasar tanto tiempo en Internet conociendo chicos, que sus padres le expresaron su preocupación acerca de lo que hacía en la computadora durante tanto tiempo. Les mintió acerca de lo que hacía y comenzó a conectarse cuando sus padres no lo sabían. Esto es lo que nos dijo:

> Un sábado cuando mis padres no estaban, ¡pasé ocho horas sin parar en Internet! Sin parar conocía cada vez

> más gente y hablaba por teléfono con algunos. Con el tiempo, las personas reales me empezaron a atraer menos y todo lo que quería hacer era hablar con mis amigos de Internet. Me parecían mucho más interesantes y fingir que era otra persona era mucho más emocionante que ser yo misma.
>
> Me involucré tanto con un chico en particular que conocí por Internet que decidimos hacernos novios. Fui a visitar a mis primos en California y como vivía cerca, decidimos encontrarnos. Arreglamos una hora y un lugar y mi prima y yo esperamos y esperamos. No apareció nunca. Creo que quizá fuera la gracia de Dios, ya que podría haber sido un asesino o un violador. En realidad no tenía forma de saber nada sobre su carácter.

Amelia reconoce ahora lo peligroso que era el juego que jugaba al fingir ser alguien que no era y al aceptar encontrarse con un extraño en persona. Dice que el daño que le causaron estas relaciones fantasiosas a las verdaderas hizo que no valiera la pena el precio que pagó ni el tiempo que perdió.

Aída conoció a Saúl en una sala de charla para cristianos solteros. Al principio parecía ser un chico amigable que buscaba a Dios de corazón. No obstante, a la larga, la realidad hizo que la fantasía llegara a un final aleccionador. Aída admitió:

> Saúl y yo pronto comenzamos a hablar cada vez más con el mensajero instantáneo, hasta que llegamos a estar juntos en la computadora durante horas. Luego de unas semanas, decidió venir a visitarme. Cuando lo vi, no me pareció alguien que me hubiera atraído si lo hubiera conocido en la calle. Entonces, como había venido a visitarme, lo llevé a conocer la ciudad y la iglesia. No podía dejar de pensar: *¿Por qué está aquí? ¡Solo tengo dieciocho años y no estoy lista para una relación seria!* A pesar de las banderas rojas e incluso las advertencias de mis amigos y mi

> familia, pasamos al ámbito físico y fuimos demasiado lejos. Admito que me sentía sola y que era agradable tener a alguien que me prestara atención. No tuvimos relaciones sexuales, pero nos acercamos y me asustó pensar que casi tengo relaciones sexuales con alguien con el que pensé que ni quería estar cuando lo conocí.

A partir de ese momento, Aída decidió que se quedaría con las relaciones reales a fin de no caer en la trampa de la fantasía como esa vez.

Flor invirtió dos años en una relación cibernética con Walter antes de reconocer que esta relación virtual no se transformaba en la amistad íntima que quería. Como pasaba la mayor parte de su tiempo libre en la computadora interactuando con él en lugar de pasar tiempo con su familia y sus amigos, esas relaciones tampoco crecían. Flor confiesa:

> Walter me decía muchos cumplidos y era muy agradable escuchar ese tipo de cosas de un chico, en especial mientras mi papá se quejaba de mi actitud y de lo rezongona que me estaba poniendo. Walter nunca se quejaba de mi actitud porque nunca me veía actuar de esta manera. Empecé a perder amigos porque pasaba todo el tiempo en Internet con él en lugar de estar con ellos. Mis notas empezaron a sufrir porque no estudiaba.
>
> Luego de varios meses comencé a tener miedo de que Walter perdiera el interés en mí porque empezó a hablar sobre otras chicas que había conocido. Empecé a inventar cosas acerca de lugares a los que había ido y de cosas que había hecho para parecer más emocionante, pensando que eso mantendría su interés en mí. La relación se fue extinguiendo cuando decidió que quería una novia «de verdad».
>
> Cuando terminamos, quedé bastante destrozada porque estaba convencida de que íbamos a casarnos. Terminé con el corazón roto, algunas malas relaciones familiares

que me tomó casi un año reconstruir y ninguna amistad fuerte porque había pasado por alto a todos mis amigos mientras estaba involucrada con Walter.

Quizá te sientas identificada con Amelia, Aída y Flor por tus propias experiencias en la Red a fin de conocer a un chico. Si es así, quisiéramos ayudarte.

DESENRÉDATE DE LA RED

Si ya invertiste en relaciones virtuales malsanas o todavía lo estás haciendo, tenemos algunos consejos para que te desenredes de la Red.

- *Evita las cuentas personales de correo electrónico de las que nadie sepa o a las que nadie tenga acceso.* Tal vez pienses que nadie tenga derecho a conocer tus actividades o comunicaciones en el ciberespacio, pero donde no hay secretos, no hay mentiras. No cedas a la tentación de crearte una doble vida como hizo Christina (la chica que mencionamos antes, y que encontraron asesinada por su compañero de *cibersexo*). A la larga pagó un precio demasiado alto por los secretos.
- *Evita las conversaciones cibernéticas con cualquiera que no hayas conocido cara a cara.* Quédate con las relaciones con gente de verdad para que puedas ver el panorama general de quiénes son en realidad y de cómo interactúan con otros.
- *Presiona el botón de Ignorar si un viejo amigo cibernético continúa invadiendo tu espacio con el mensajero instantáneo o el correo electrónico.* Recuerda, no tienes ninguna obligación de responder. A la larga se dará cuenta o perderá el interés. No eres maleducada, solo te proteges.

ADOPTA LA VERDADERA INTIMIDAD

Es probable que hayas escuchado decir que las relaciones fantasiosas son mucho mejores que las verdaderas, ¿pero es verdad?

De ninguna manera. Quizá la gente que busca relaciones virtuales nunca supo lo buena que puede ser la realidad. Cuando alguien te conoce por completo, conoce todas tus rarezas y hábitos molestos, conoce todo lo que hay que saber de ti y, aun así, está loco por ti, es algo maravilloso. Una intimidad así de genuina mejora tu autoestima, tu vida y tu felicidad.

¿Sabes algo más? Hay Alguien que ya te conoce por completo y te ama muchísimo. Te conoce desde antes que nacieras. Sabía qué traería cada día de tu vida. Conocía cada uno de los errores que cometerías, cada pensamiento rebelde que tendrías y cada pecado que cometerías. A pesar de eso, te ama tanto que decidió morir por ti. Como la muerte de Cristo en la cruz pagó el castigo de todos nuestros pecados, no solo no pueden separarte de Dios, sino que puedes acceder a Él por medio del Espíritu Santo en cualquier momento del día o la noche. No tienes que esperar hasta que se conecte en su computadora para recibir un mensaje suyo. No tienes que revisar el correo electrónico para ver si te envió un mensaje, tienes muchos esperándote en la Biblia. A través de la oración tienes mensajería instantánea ilimitada, todo el tiempo. Así que cuando anheles intimidad y conexión, no te quedes con lo virtual, *¡acepta la realidad!*

Le pido que, por medio del Espíritu y con el poder que procede de sus gloriosas riquezas, los fortalezca a ustedes en lo íntimo de su ser, para que por fe Cristo habite en sus corazones. Y pido que, arraigados y cimentados en amor, puedan comprender, junto con todos los santos, cuán ancho y largo, alto y profundo es el amor de Cristo; en fin, que conozcan ese amor que sobrepasa nuestro conocimiento, para que sean llenos de la plenitud de Dios.

Efesios 3:16-19

Rompe el ciclo del abuso

> Porque nuestra lucha no es contra seres humanos, sino contra poderes, contra autoridades, contra potestades que dominan este mundo de tinieblas, contra fuerzas espirituales malignas en las regiones celestiales. Por lo tanto, pónganse toda la armadura de Dios, para que cuando llegue el día malo puedan resistir hasta el fin con firmeza.
>
> Efesios 6:12-13

¿Alguna vez has comprado un regalo de bodas? Tal vez tuviste que ir a varias tiendas por departamentos y tuviste que usar las computadoras con las listas de bodas que están muy de moda y que contienen todo lo que los novios quisieran recibir. Es divertido mirar la selección de una pareja para tener una idea de sus gustos, en especial en la elección de los diseños de la vajilla de porcelana, de la cristalería y los cubiertos. Puedes imaginar cómo adornarán su mesa cuando reciban visitas. De acuerdo con el diseño de vajilla que seleccionan los novios, un plato, vaso o tazón puede salir en unos veinticinco dólares. Un juego completo de vajilla de porcelana puede costar cientos de dólares, ¡y eso sin contar la cristalería o los cubiertos!

Ahora imagina esto. ¿Y si luego de la boda la pareja usa estos platos de porcelana caros para darles de comer al perro o al gato, los vasos de cristal para guardar cosas en el garaje y los cubiertos nuevos como herramientas de jardín? ¿No suena absurdo? Por completo.

Sin embargo, ¿el mal uso de estas cosas las hace menos valiosas? Una vez que se recuperen y se laven, ¿todavía pueden adornar una mesa con belleza y estilo? SIN DUDA. A pesar de que se usaron mal y de que se trataron mal, todavía pueden usarse para los propósitos valiosos para los que se crearon.

Es lamentable, pero muchas jovencitas que son indescriptiblemente hermosas e invalorables han perdido de vista lo preciosas que son, y se ven sucias o despreciables porque no se han usado en la forma que Dios tenía en mente.

Por supuesto, nos referimos a jovencitas que fueron víctimas de abuso sexual, de las que hay muchas. Considera estas estadísticas alarmantes:

- Una de tres niñas será víctima de abuso sexual antes de cumplir dieciocho años[1].
- Un estudio demostró que durante un período de veinte años, a doce millones de mujeres y niñas, casi diez por ciento de la población actual de los Estados Unidos, las violaron[2].
- Una de cuatro mujeres universitarias fueron víctimas de violación o intento de violación o lo serán[3].

Aunque la violación y el abuso sexual son tragedias absolutas, la tragedia se hace más profunda si la víctima no recibe ayuda para superar la violación o el abuso. Cuando las heridas del abuso no se tratan, la persona abusada a menudo pasa a abusar de otros. La buena noticia es que no tiene por qué ser así y el tratamiento puede ayudarte a evitar ese círculo vicioso.

Cuando leas las siguientes historias, fíjate que el abuso viene en distintas formas: físico, verbal y sexual, y que puede surgir de diversas relaciones, tales como de extraños, novios, jefes, compañeros de trabajo, amigos y parientes. Aunque el tipo de abuso puede variar, todos los abusadores son personas egoístas que usan a alguien en maneras que no concuerdan con la forma en que merece que se trate a un precioso hijo de Dios.

La historia de Sheila

El 7 de abril de 2000, un extraño entró a la fuerza al departamento de Sheila y la violó con violencia. Ella pasó seis días en el hospital luego de la violación, agradecida de estar viva. Aun así, poco después comenzó a sentirse aturdida:

> A los pocos meses no sentía nada, no me importaba mi vida ni la de los demás. Empecé a mirar a los hombres que se parecían a mi atacante y los encontraba atractivos. Pasé por alto los valores y principios de los que antes me enorgullecía y comencé a tener relaciones sexuales con estos hombres. En mi mente retomaba el poder y el control perdido con la violación. Ahora mandaba yo. Podía elegir con quién, cuándo y cómo lo hacía. No me importaban estos hombres, no me importaba yo misma y nunca reconocí ni busqué al único que podía salvar mi vida.

A la larga, Sheila fue a terapia y aprendió sobre la adicción sexual. Con el tiempo se dio cuenta de que usaba el acto sexual para adormecer su dolor y recuperar el sentido del control. Aunque sabe que su pasado no la define, dice que no pasa un día sin que no se acuerde de lo que sucedió. Gracias a su decisión sabia y valiente de hablar con alguien acerca de su comportamiento y sus sentimientos, Sheila está comenzando a sanarse de las heridas del abuso. También pudo entender que Dios la perdonó, la ama y está siempre a su lado. Nada puede cambiar eso, ¡ni siquiera la violación ni la promiscuidad!

Es de lamentar que el abuso no siempre sea el resultado de la ofensa de un extraño. A veces, esa ofensa viene de alguien que conoces, en el que confías y al que tal vez ames.

La historia de Magaly

Cuando Magaly tenía diecisiete años, comenzó a interesarse en Roberto. Era cristiana y no quería tener relaciones sexuales antes de casarse. Luego de salir durante el verano, se hicieron novios y pasaban cada vez más tiempo hablando y besándose. Las cosas tomaron un giro inesperado una noche cuando fueron a un picnic en un parque, en una cita doble con amigos y se quedaron solos cuando la otra pareja se fue a caminar por ahí.

Solo empezamos besándonos, pero de repente Roberto se me puso encima y me violó. Sentí que estaba en otro mundo. Le decía que parara, pero no me hacía caso. En realidad, no entendí lo que pasó hasta que más tarde vi sangre en mi ropa interior.

Me acuerdo que estaba muy confundida. *¿Significa que le gusto de verdad?* Si hubiera sido un extraño, hubiera luchado, pero confiaba en Roberto. ¿Cómo pude haber sido tan ingenua?

A los pocos días, unos amigos me preguntaron si era verdad que Roberto y yo habíamos tenido relaciones sexuales. Se lo negué a todo el mundo. Todo el afecto que tenía por Roberto se transformó en enojo cuando me enteré que alardeaba acerca del incidente frente a otros. Me imaginé caminando hacia el vestuario mientras él alardeaba sobre lo que había pasado y le decía: «¿Por qué no les dices la verdad, Roberto? ¡Fue una violación y lo sabes!». Estaba furiosísima y lo aborrecía. Me sentía avergonzada y apenada. No veía la hora de que comenzara mi menstruación para saber que no estaba embarazada.

Luego de la violación cambié mucho. Me transformé en una persona promiscua* y quedé embarazada de otro chico, así que me hice un aborto†. Empecé a depender mucho de los chicos e iba de una relación a otra, dejándolos cuando me aburría.

Estoy muy agradecida que el Señor al final me mostró cómo perdonar a Roberto y seguir adelante sin abusar más de *mí misma*.

Magaly empezó a entender que podía cambiar cuando vio una entrevista en el *Club 700* con alguien víctima de violación

---

* *promiscua:* disposición a tener relaciones sexuales fuera de una relación comprometida.

† *aborto*: terminación de un embarazo al sacar al feto del vientre y deshacerse de él.

en una cita. La mujer habló acerca de la libertad que experimentó luego de perdonar a su abusador. Magaly quería ser libre de la ira y la promiscuidad, así que comenzó a orar por su amargura. Con la ayuda de un consejero, empezó a ver que Roberto era un perdido, de dieciocho años cuando abusó de ella. Magaly al final pudo perdonarlo y ser libre del odio que sentía hacia él. También empezó a verse en una forma diferente y a sentirse más liviana y con más paz.

Mi propia historia

Sin duda, puedo comprender a Magaly ya que experimenté el abuso sexual y la violación en citas cuando era adolescente. Al entrar a la pubertad y florecer físicamente, dos tíos que amaba y en los que confiaba comenzaron a perseguirme sin disculpas, coqueteaban conmigo y me atraían a situaciones comprometedoras. Aunque el miedo hacía que no cediera del todo a sus insinuaciones sexuales, me encantaba sentir el poder que me daba coquetear con ellos. Mis dos tíos me dijeron que iba a ser «nuestro secretito», pero es obvio que entre ellos hablaban acerca de mí. Uno de ellos llegó a confesar que habían apostado para ver quién «triunfaría» primero para llevarme a la cama. Aunque ninguno lo hizo, comencé a sentirme sucia.

Con el tiempo, me fui yendo hacia el lugar equivocado, con la persona equivocada, en el momento equivocado. Cuando tenía catorce años, salí con un chico de dieciocho años a espaldas de mis padres. Cuando me violó durante la cita, no se lo dije a nadie porque tenía miedo de meterme en problemas por invitarlo mientras no había nadie en casa. Tenía una autoestima tan baja y una necesidad tan alta de conexión emocional que, créase o no, en realidad tenía la esperanza de cultivar una relación con él, ¡incluso después que me violó! Sin embargo, él ya tenía lo que quería y yo me quedé insensible por el aguijón del abuso y el rechazo.

Cuando comencé a salir con chicos de manera oficial, cedí a la presión sexual con rapidez. Ponía poca resistencia a las insinuaciones sexuales si pensaba que podían conducir a una relación romántica. El círculo vicioso continuó durante cinco años hasta que me di cuenta de que estaba permitiendo que me usaran y que estaba usando a otros en maneras que Dios nunca tuvo en mente.

SIETE COSAS QUE TIENES QUE SABER SOBRE EL ABUSO

Nuestra oración es que nunca experimentes ningún tipo de abuso, sexual ni de cualquier tipo, pero también nos damos cuenta de que muchas de ustedes ya lo fueron. Si alguna vez eres víctima de abuso o lo fuiste en el pasado, aquí hay algunos consejos valiosos para ayudarte a sobrellevar el trauma y a detener el ciclo del abuso.

1. *¡Díselo a alguien!* No sufras en silencio. Ya sea que le digas a un padre, a un maestro, a un pastor, a un líder de jóvenes, a un consejero profesional, a un operador de una línea de ayuda al adolescente o a otro adulto de confianza, franquéate con alguien capaz de ayudarte a procesar lo sucedido y que pueda guiarte hacia el camino de la sanidad. Si la persona a la que se lo dices no te cree, díselo a otra hasta que te ayuden. Es mejor que se lo digas a alguien inmediatamente después del abuso, en especial en el caso de la violación, a fin de que se pueda juntar evidencia y presentar cargos criminales. Si no hablaste con nadie al respecto, aunque haya pasado hace mucho, hazlo ahora mismo.
2. *NUNCA toleres el abuso de nadie, ya sea verbal, físico o sexual.* Si tu novio te trata mal, recuerda que le enseñas a la gente cómo tratarte. Si toleras el abuso, esto le permite pensar que está bien que te hable de esa forma o que se aproveche de ti. Si estás tan desesperada por tener novio como para dejar que uno te trate como basura, vuelve al capítulo 4 y lee el tercer mito. Luego patea a ese novio abusador al borde de la acera antes de que pase el siguiente camión de basura y espera que el próximo te trate como la joven mujer de Dios que eres en verdad.

3. *No te creas la mentira de que hiciste algo para merecer el abuso.* NUNCA nadie merece ser víctima de abuso. Muchas mujeres no presentan cargos contra el hombre que perpetró el abuso sexual porque sienten que quizá «se lo buscaron» con algo que hicieron o dijeron. *Nadie merece ser víctima de abuso, sin importar cómo se vista, a dónde vaya ni lo que haga.* Vuelve a leer esa oración y créela. Incluso si inicias el contacto físico, tienes derecho a cambiar de opinión y elegir no entrar en una actividad sexual mayor. Por supuesto, desde un principio, no es sabio ponerte en situaciones comprometedoras, pero incluso si lo haces, eso no le da a otra persona el derecho de abusar de ti.

4 *Está bien estar enojado con tu abusador, pero no desquites ese enojo con otras personas.* Muchas mujeres víctimas de abuso sienten la necesidad de «castigar» o «desquitarse» con una cita por el abuso que sufrieron a manos de otro. Es común que quieran volver a llevar a cabo las situaciones sexuales a fin de lograr recuperar el sentido de control que perdieron cuando abusaron de ellas. Estos comportamientos disfuncionales muestran una tremenda falta de respeto por otros hombres y abusar de ellos solo servirá para perpetuar tus problemas, no para resolverlos.

5. *La violación y la promiscuidad son cosas distintas por completo.* Si te violaron, no cometas el error de creer que ya no eres pura o que ya no tienes por qué guardarte. El hecho de que alguien haya penetrado tus genitales o te haya forzado físicamente a hacer cosas que no querías hacer no determina el estado de tu pureza; lo que lo hace es que decidas usar tu cuerpo para estimular u otorgar placer sexual a otra persona. Si nunca tomaste esta clase de decisión consciente y voluntaria, pero fuiste víctima de violación o abuso sexual, todavía eres pura.

6. *Que tu meta sea perdonar a tu abusador.* Eso puede parecerte la última cosa que quieres hacer en el mundo, pero te librará de la amargura. La gente herida hiere a otras personas y es probable que tu abusador también fuera víctima de abuso. Eso no justifica a esa persona ni alivia tu dolor, pero entender la motivación o las experiencias pasadas de la otra persona puede ayudarte a perdonar. Nunca puedes saber qué tipo de dolor hizo que tu abusador (o abusadora) haga las cosas que hizo, ni qué tipo de abuso sufrió esa persona a manos de otro. Ya sea que tu abusador te pida perdón algún día o que reconozca el dolor que te causó, perdonarlo te librará a *ti* del resentimiento y el odio que son cargas demasiado pesadas para que arrastres a lo largo de la vida.

Aquí tienes algunas formas prácticas de evitar ser víctima de abuso sexual y de violación:

1 Evita salir sola cuando oscurece, si es posible.

2. Cierra las puertas cuando estés sola en casa. Si estás sola a menudo, no lo andes contando por ahí.

3. Cuando estés en una cita amorosa, quédate en lugares un tanto públicos en los que la gente pueda escucharte si gritas pidiendo ayuda.

4. No hagas cosas con tu compañero que los exciten de manera sexual, como el coqueteo inadecuado, los besos profundos y apasionados o la masturbación mutua.

5. Mantén límites firmes. Si alguien intenta avanzar sexualmente contigo, deja en claro que no vas a permitir que se cruce tu límite. Di lo que piensas, suéltate o vete de ahí al momento si es necesario.

7. *Aunque nunca olvides el abuso que te hicieron, puedes aprender a enfrentarlo con responsabilidad y a madurar a pesar de él.* Muchas víctimas de abuso y violación sexual siguen adelante y tienen matrimonios saludables y vidas productivas, a menudo extendiéndose para ayudar a otros a sobrellevar las emociones que provienen de relaciones abusivas. Explicar tu receta para la supervivencia no solo puede traer sanidad a la vida de otros, sino también una gran alegría a tu propia vida mientras eres testigo de cómo el consuelo de Dios fluye hacia ellos mediante tus palabras de compasión y aliento.

TU ESPERANZA PARA UN FUTURO PROMETEDOR

Recuerda, eres una criatura de Dios, la novia de Cristo y una hija preciosa del Rey del universo. Incluso si alguien te trata con menos esplendor o te usa para otro propósito distinto al que Dios tenía en mente, *nunca olvides quién eres en verdad.*

Mereces que te traten con dignidad y respeto. Punto.

También recuerda que otros merecen el mismo respeto. No permitas que el ciclo de abuso continúe destruyendo tu vida y tus relaciones. Traza la línea en la arena y no permitas que tu pasado entorpezca tu futuro. Dios tiene cosas maravillosas guardadas para ti mientras procuras descubrir el verdadero propósito para el que te crearon: ¡un propósito divino en verdad!

Porque yo sé muy bien los planes que tengo para ustedes —afirma el SEÑOR—, planes de bienestar y no de calamidad, a fin de darles un futuro y una esperanza.

Jeremías 29:11

TERCERA PARTE

Evita la destrucción de otros

La búsqueda del poder

Pido también que les sean iluminados los ojos del corazón para que sepan a qué esperanza él los ha llamado, cuál es la riqueza de su gloriosa herencia entre los santos, y cuán incomparable es la grandeza de su poder a favor de los que creemos.

Efesios 1:18-19

«Consejos para conquistarlo»
«Haz que tu ex novio quiera recuperarte»
«Hazle hacer lo que quieres que haga»[1]

Estos son solo algunos de los muchos títulos de revistas que gritan para llamarte la atención. Los medios de comunicación no dejan de bombardearte con el mensaje de que si quieres un chico, tienes el poder para obtenerlo... ¡así que *úsalo*! Artículos como «Treinta días de poder femenino» y «¡Cuatrocientos veintiocho formas para estar genial, vestirte para matar [y] hacer que te llame esta noche!»[2] pueden hacer que una chica se pregunte si algo anda mal con ella si no está tratando de que un chico le preste atención y alimente su ego.

Vivimos en una época en la que muchas mujeres usan a los chicos para su propia satisfacción y son más rapaces que sus homólogos masculinos. Muchas están desesperadas para que les afirmen que son deseables y a menudo controlan a otros en la búsqueda de esa afirmación. Aunque es bueno y es saludable que una mujer no quiera que la domine un hombre, no está bien esforzarse por lograr lo opuesto: *las chicas dominan a los chicos.*

Aquí tienes algunos ejemplos de los juegos de manipulación* que algunas mujeres juegan en su búsqueda para sentirse poderosas sobre los muchachos:

- Cuando Lisa se viste cada mañana, tiene en cuenta a los chicos que verá ese día y se viste de manera seductora para que la miren y coqueteen con ella. (Lisa abusa de su poder usando su atractivo físico y una vestimenta indecente a fin de manipular a los hombres para que le den la atención que quiere).
- Maritza se da cuenta de que cuando un chico empieza a demostrar interés y a acercarse a ella, enseguida pierde el interés en él. No obstante, si se hace el difícil, no puede quitárselo de la mente e intenta atraerlo coqueteando. Le gusta el desafío de conquistar la determinación de un chico. (A Maritza no le interesa tanto una relación genuina e íntima como le interesa estimular su ego haciendo voltear la cabeza de un chico y atrayéndolo con su poder de seducción).
- Katia no está muy interesada en Jasón, que está loco por ella y la llena de cumplidos. Sin embargo, sale con él si se ofrece a llevarla a cenar o si su ego necesita un incentivo. (Katia se aprovecha del afecto y de la billetera de Jasón, pues no tiene intención de corresponder a sus sentimientos).

Muchas chicas ya no se guían por lo que es bueno (de acuerdo a las Escrituras), sino por lo que es popular, y es de lamentar que el dominio de las chicas sobre los chicos se ha transformado en una búsqueda popular. Tal vez hayas pensado: *Si todos lo hacen, también yo puedo.* Aun así, recordemos lo que nuestras madres nos decían: «Si todos saltaran de un edificio, ¿también lo harías?». Mamá tiene razón. Solo porque otros lo hagan no significa que sea bueno ni que sea aconsejable.

---

* *manipulación*: intento de controlar a alguno de manera injusta para la satisfacción personal.

¿UNA NUEVA Y VALIENTE VARIEDAD O UN GRAN ERROR?

Mientras escribía un artículo para el *New York Times* titulado: «*Girls Gone Macho*»[3], un periodista le preguntó a la gente qué pensaba sobre esta nueva variedad de jovencitas seductoras, con hambre de poder, que perseguían novios con audacia y tomaban la iniciativa en las relaciones. En el artículo citaron a Tabi Upton, un consejero que atendía a veinte o treinta adolescentes por mes. Dijo: «Los chicos adolescentes que veo a menudo dicen que las chicas los empujan a tener relaciones sexuales, esperan que les pidan sexo y sacan el asunto a relucir si los chicos no lo hacen. Ha habido un giro y ahora las chicas son las que se convierten en sexuales y se acercan a los hombres con una actitud que dice algo así como "Esto es todo lo que tengo para ofrecer"».

Lila Zimmerman, de dieciséis años, dijo que los chicos salen ganando con el asunto porque no tienen que arriesgarse a que los rechacen. «No tienen que ser los que pasan vergüenza», dijo. «Supongo que ahora nos toca a nosotras».

Upton también habló acerca de una chica de quince años que adoptó el papel de arpía que representa la cultura pop. «Veía estas cosas en las películas, en MTV y tenía relaciones sexuales con varios chicos». Upton continuó diciendo que la chica quedó embarazada y que estaba bastante segura de que era de uno de dos chicos. Además, contrajo una enfermedad de transmisión sexual. Al mirar atrás, la chica preguntaba: «¡Ay! ¿Por qué hice esto?». Upton llegó a la conclusión de que la adolescente solo estaba hambrienta de amor y quería parecer valiente y aventurera. «En los vídeos parece muy emocionante y en las películas parece maravilloso, pero no lo es». La adolescente dio el bebé en adopción.

Incluso si tu búsqueda de poder no te pone en semejante dilema, sin duda puede hacer que bajes los principios que tienes para tus relaciones en el intento de querer que un chico haga lo que quieras. Carmen nos dijo:

> Decidí que no quería quedarme sentada esperando que un chico viniera hacia mí. Si quería un chico, podía tomar la iniciativa y buscarlo. Cuando tenía diecisiete años, conocí

a uno en el grupo de jóvenes que pensé que era perfecto para mí porque era bonito y cristiano. A pesar de que nos atraíamos el uno al otro, no me pidió el número de teléfono. Con una amiga decidimos buscar su número en el directorio y llamarlo. ¡Había cuarenta personas con el mismo apellido! Detesto admitirlo, pero llamamos a todos hasta que lo encontramos.

A lo largo de esa relación de un año experimenté muchas frustraciones, dificultades y lágrimas porque en verdad quería que *él* comenzara a buscarme a *mí*, pero cuanto más intentaba dejarlo que tomara la iniciativa y fuera romántico, más se «sentaba en el asiento trasero» y me dejaba «conducir». Lo llamaba, lo invitaba a salir, tomaba todas las decisiones. Manejaba en nuestras citas, a menudo pagaba toda la noche y siempre iniciaba todo, incluyendo el contacto físico. No me trataba en la manera que quería que lo hiciera, así que intenté *obligarlo*. ¡Qué error!

Antes, el único momento adecuado para que una chica invitara a un chico a salir era para el baile de *Sadie Hawkins*. Hoy en día las jóvenes no solo rastrean a los chicos y los invitan, sino que también inician la relación física. En el pasado, si una chica cedía a la presión sexual, se sentía usada y tratada de manera injusta. Cada vez más las muchachas están usando y tratando con injusticia a los varones.

Les preguntamos a varios chicos qué pensaban de las jovencitas que buscan a los chicos y toman la iniciativa en una relación. Esto es lo que dijeron:

Benjamín, de dieciséis años: Las chicas son mucho más intensas que los chicos e intentan demasiado controlarlo todo. Da miedo.

Víctor, de diecisiete años: Cuando una chica me persigue, me dan ganas de salir corriendo. Una vez una chica

> me escribía cartas y las ponía en mi casillero casi todos los días. Nunca le respondí, con la esperanza de que se diera cuenta, pero luego comenzó a llamarme e incluso a pasar por mi casa con el auto. Intentaba sin parar que jugara ese juego, pero no quería. Supongo que al final se cansó de esperar porque ya no me escribe ni me llama. Sin embargo, ahora casi tengo miedo de que cada vez que una chica empiece a mostrar un poquito de interés en mí, me empiece a acosar así. Preferiría tener una novia que me deje tomar la iniciativa en la relación.

> Álvaro, de diecinueve años: Siento que hoy en día mi virginidad no significa nada [...] Hay tantas chicas que me tientan a hacer cosas malas que al final una noche cedí y me encontré al borde de perder la virginidad física. Así que quiero guardar todo para el matrimonio, todo: tomarse de las manos, los abrazos, los besos, pero me doy cuenta de que salgo con las chicas equivocadas y no puedo alejarme de ellas.

Ningún chico respetable quiere ser el juguete de una chica. Al igual que tú, los chicos quieren que los traten como seres humanos, con dignidad y respeto.

De regreso al jardín de nuevo

Aunque a primera vista esto quizá parezca un fenómeno nuevo, hace mucho tiempo que las mujeres usan el acto sexual para obtener poder y control sobre los hombres. Es más, esto sucede desde tiempos bíblicos. ¿Te acuerdas lo que pasó en el jardín del Edén? La serpiente engañó a Eva diciéndole: «¡No es cierto, no van a morir! Dios sabe muy bien que, cuando coman de ese árbol, se les abrirán los ojos y llegarán a ser como Dios, conocedores del bien y del mal» (Génesis 3:4-5). Es obvio que Eva no se conformaba con someterse a la manera de hacer las cosas de Dios. Quería ser como Dios, poseer más sabiduría y poder, así que le dio el mordisco catastrófico al fruto prohibido. Como consecuencia de su pecado, Dios le dijo: «Desearás a tu marido, *y él te dominará*» (Génesis 3:16, énfasis añadido).

Desde los primeros días de la creación, las mujeres han tenido una relación de amor-odio con los hombres, queriendo el amor del hombre, pero resistiéndose a la idea de que el hombre tenga autoridad sobre la mujer. A decir verdad, muchas lucharon como locas para que las mujeres tengan más poder, a veces por buenas razones (como abuso, prejuicio o discriminación) y a veces por malas razones (como inseguridad, miedo, avaricia, orgullo o egoísmo). El deseo de obtener poder, y creer que tener poder sobre el hombre puede satisfacer nuestra necesidad de seguridad, amor o importancia, a veces lleva a las mujeres a usar el acto sexual como un medio para negociar en las relaciones.

El poder sexual puede ser embriagador, hasta adictivo quizá, para una jovencita. Hacer que un compañero dé vuelta a la cabeza cuando pasas puede ser una emoción pequeña, pero hacer que un hombre mayor dé vuelta la cabeza trae grandes beneficios para el ego, ya sea el capitán del equipo de fútbol, el profesor universitario o el jefe de departamento en el trabajo. Este abuso de poder puede llevar a situaciones comprometedoras o incluso a relaciones prohibidas, sobre lo cual hablaremos más en el capítulo 18.

¿QUÉ HAY DETRÁS DE TU BÚSQUEDA DE PODER?

Si luchas con la integridad sexual, es probable que tengas un deseo subyacente de poder sobre los hombres y ni siquiera te des cuenta. Este era mi caso. No obstante, con la ayuda de un consejero capacitado descubrí la razón que me impulsaba detrás de mis relaciones inapropiadas con los hombres: Era una niña pequeña dentro del cuerpo de una mujer, que buscaba de forma inconsciente la figura de un padre que me diera el amor que anhelaba.

Pasé la mayor parte de mis días de soltera luchando por usar mi apariencia como carnada a fin de atraer chicos que alimentaran mi ego. Si lograba atrapar a un hombre con mis encantos, me sentía poderosa en secreto. Con todo, mi satisfacción no duraba mucho, y enseguida buscaba a otro para que me hiciera feliz.

Siempre pensé que mi comportamiento hacia los hombres cambiaría cuando me casara, pero no fue así. Comencé a ver a una consejera para entender por qué todavía me sentía tan tentada fuera del matrimonio. Durante una de las sesiones, mi terapeuta me pidió que en la siguiente semana hiciera una lista de todos los hombres con los que alguna vez hubiera estado en lo sexual o a los que hubiera buscado en lo emocional. En la próxima visita, me pidió que pasara una semana orando y preguntándome: «¿Qué tienen estos hombres en común?». Dios me mostró que cada relación fue con un hombre que era mayor que yo y que de alguna manera tenía autoridad sobre mí: mi profesor, mi jefe, mi abogado y así por el estilo.

Al buscar en mi corazón para discernir por qué había este hilo en común a lo largo de mis búsquedas relacionales, fue evidente la raíz del problema: mis ansias de poder sobre un hombre. Debido a mis sentimientos de impotencia en la relación con un padre que sentía que me dominaba con mano de hierro, había estado recreando a escala subconsciente relaciones autoritarias para «ganar esta vez». Cada vez que lograba imponerme en una relación, era como si dijera: «¿Ves, papá? ¡Alguien me ama de verdad! ¡YO merezco atención y afecto!».

En mis intentos de llenar el vacío con forma de padre en mi corazón y establecer algo parecido a la autoestima, me lastimaba. Sé por experiencia que las relaciones que se construyen basadas en el sexo carecen de intimidad o cercanía y te dejan con más *hambre* de poder y con *menos* poder.

Desde entonces descubrí la única verdadera fuente de satisfacción y autoestima: una relación intima con mi Padre celestial. Desde que busco a Jesús como lo primero y más importante, no solo se transformó en mi primer amor y me hizo sentir mucho más valiosa de lo que cualquier hombre pudo hacer, sino que restauró la relación con mi padre terrenal y me ayudó a permanecer fiel a mi esposo.

Por supuesto que el deseo de amor no es la única motivación posible detrás del deseo de poder sobre los hombres. Por ejemplo, si experimentaste abuso sexual o abandono emocional de un hombre, es posible que desees poder sobre los hombres debido a la furia, el desprecio o un deseo de castigar a alguien que se parezca a tu abusador. Eso es lo que hizo Sheila (leíste lo que le sucedió en el capítulo 8). Otra razón quizá sea el miedo de que un hombre te domine. Quizá supones que él intentará aprovecharse de ti, así que sientes que tienes que dominarlo antes de que te domine. También puede ser una simple cuestión de orgullo; es posible que quieras que otros piensen que eres una mujer fuerte y que dominas en tus relaciones románticas porque tienes miedo de que la gente crea que eres débil.

«Los intentos desesperados para obtener la atención de un chico pueden resultar por un tiempo, pero los chicos que quieren mantener su moral pura te evitarán (lo cual no es tu meta) porque a la larga se hace obvio que eres demasiado egoísta como para que te importe su pureza y su relación con Cristo».

NELSON

¿En tu vida se repite este patrón de perseguir chicos de forma intensa, manipularlos y usarlos para tu propio placer y tus propósitos egoístas? Si es así, quizá sea más complicado de lo que parece. Pídele a Dios que te ayude a descubrir y a entender los motivos subyacentes y a encontrar a un consejero sabio capaz de ayudarte a entenderte a ti misma y a relacionarte con el sexo opuesto en forma saludable. Cuando no tienes un mentor sabio o no estás conectada con adultos saludables, puedes perder el camino y terminar viviendo una vida que no tenías por qué vivir. No cometas ese error.

Restaura el equilibrio del poder

Para cerrar este capítulo, traigamos algo de equilibrio a esta charla. No te pedimos que pierdas todo el poder, ni que cedas tus derechos por cualquier chico a fin de que pueda pisotearte de manera sexual o de cualquier otra forma. Todos necesitan un sentido de poder personal. Es saludable y apropiado usar ese poder para protegerte de los chicos que procuran controlarte o coaccionarte mediante el abuso verbal, físico o sexual o que insisten en que «aflojes» en el ámbito sexual. Usa tu poder para protegerte y no permitir que se aprovechen de ti ni te maltraten; pero no uses tu poder para aprovecharte de otros y maltratarlos. En todo traten ustedes a los demás tal y como quieren que los traten a ustedes (véase Mateo 7:12). Respeta a otros y espera que te respeten.

Para cerrar, queremos contarte un secretito. Solo Dios logra satisfacer por completo tu necesidad de amor y poder. ¿Dios le da al hombre su amor y su poder? Sí. Entonces, ¿es necesario que pases por un hombre para recibirlo? No. También le da amor y poder a la mujer. Cuando descubras cómo puede ayudarte el poderoso amor del Espíritu Santo a vivir una vida saludable en lo emocional, de autocontrol y satisfecha en abundancia, te darás cuenta que el poder de la seducción palidece en comparación.

> *Sí, es cierto, soy un hombre ordinario con sus correspondientes debilidades, pero nunca me valgo de planes ni métodos humanos para ganar mis batallas. Para destruir las fortalezas del mal, no empleo armas humanas, sino las invencibles armas del todopoderoso Dios. Con armas tan poderosas puedo destruir la altivez de cualquier argumento y cualquier muralla que pretenda interponerse para que el hombre no encuentre a Dios. Con armas tan poderosas puedo apresar a los rebeldes, conducirlos de nuevo ante Dios y convertirlos en seres que deseen de corazón obedecer a Cristo.*
>
> *2 Corintios 10:3-6*, LBD

10

Cuando te vistes para impresionar

Más bien, revístanse ustedes del Señor Jesucristo, y no se preocupen por satisfacer los deseos de la naturaleza pecaminosa.

Romanos 13:14

Es probable que hayas escuchado hablar a los cocineros que aparecen por televisión que dicen que cuando se trata de comida, la presentación es todo. La presentación *es* todo, no solo con la comida, sino también con tu cuerpo. Ya lo dijimos antes y lo diremos otra vez porque es muy importante: Le enseñas a la gente cómo tratarte. O bien le enseñas a que te traten con respeto o le enseñas que te traten con falta de respeto. Ya sea que lo hagas a propósito o no, la manera en que te vistes, cubriendo con decencia las partes de tu cuerpo que son más estimulantes a escala visual o revelando en forma indecente todo lo que puedes, le manda un mensaje a los demás. Si no nos crees, quizá le creas a tus compañeros.

Luego de escucharme hablar por la radio sobre la importancia de la modestia, Cristina, de veinte años de edad, me escribió la siguiente carta:

> Cuando comencé a trabajar como consejera en un campamento de verano cristiano, decidí que me negaría a conectarme con algún muchacho en el campamento a fin de lograr concentrarme por entero en las niñas de mi cabaña. Tenía mucho deseo de caerles bien y de que pensaran

que estaba en la onda, así que me vestí con la ropa de última moda entre los jóvenes: vaqueros ceñidos de tiro bajo, pantalones cortos bien cortos, camisetas con tirantes finitos o adheridas al cuerpo que se parecían a las populares camisetas cortas ajustadas, pero que eran suficientemente largas como para que nadie me acusara de vestirme de manera inadecuada. Además, todas las noches en la cabaña les enseñaba a las niñas a hacer varios de los últimos pasos de baile, algo que todas esperábamos y con lo cual nos divertíamos mucho.

Logré gustarle mucho a las niñas del campamento, pero también capté la atención y la admiración de algunos de los consejeros masculinos del campamento. Decidí que podía tomarme las cosas a la ligera y payasear un poco con estos muchachos. Me perseguían con pistolas de agua, me llevaban a cuestas sobre la espalda hasta la cafetería, me deslizaban cubitos de hielo por la parte de atrás de la blusa y otras cosas divertidas por el estilo. Una y otra vez les pedía que me dejaran tranquila a fin de concentrarme en mis niñas, pero casi nunca respetaban mis pedidos, por más firme que fuera.

Me quejé con una de las otras consejeras y le dije cómo los muchachos me distraían de lo que había venido a hacer. Puso su mano sobre la mía y con dulzura me dijo: «Cristina, tus acciones hablan más fuerte que tus palabras. Aunque no tengas la intención de vestirte para atrapar muchachos, ellos no pueden dejar de fijarse en ti, teniendo en cuenta la forma en que te vistes. Si te vistes como un bonito objeto de juego y te presentas como un juguete, ¡los muchachos serán muchachos y tratarán de jugar con ese juguete!».

Al año siguiente, cuando llegó el campamento, llevé pantalones cortos que no fueran tan cortos y camisas lo bastante largas como para meterlas dentro del pantalón.

> Tarde en la noche, les enseñaba a las niñas algunas danzas de adoración al son de música cristiana, y hasta representamos una en la noche de talentos en el campamento. Los muchachos no me molestaron mucho, así que en verdad pude darles mucho a las niñas. Ese año, cuando me fui del campamento, me sentía mucho mejor conmigo misma que el año anterior.

Felicitamos a Cristina por darse cuenta de que la forma en que se vestía influía en la manera en que otros la veían y por cambiar su guardarropa para que los demás la traten con respeto.

Rosa aprendió la misma lección cuando un día, cansada de ser invisible para los chicos, se fue a la escuela con una imagen nueva y audaz.

¿Conoces el dicho: «Tengo dieciséis años y todavía no me han besado»? Bueno, esa era yo, solo que tenía dieciocho, estaba en el último año del instituto y me preguntaba: *¿Cuál es mi problema?* Nunca había salido en una cita y nunca me habían invitado a salir. Al parecer, los chicos nunca me notaban, y si lo hacían, era siempre «solo como amiga».

> Así que ahorré dinero y me compré una falda negra corta, una camiseta negra y ajustada de tirantes finitos, una camisa negra transparente para usar encima y botas negras altas hasta la rodilla. Al día siguiente me recogí el cabello y me puse un poco más de maquillaje que el habitual, con algunos toques de brillo. Al principio me sentía un poco incómoda y me puse una camiseta encima, pero como arruinaba el efecto, me la quité. La gente murmuraba a mis espaldas diciendo que parecía una prostituta. Es probable que tuvieran razón, pero como tenía su atención, no me importaba.
>
> Hacia el final del día, iba caminando por un pasillo cuando un chico se detuvo a hablar conmigo y comenzó a frotar mis brazos con sus manos. Cuando traté de soltarme y le dije que parara me dijo: «¿Qué pasa? ¿No es esto lo

> que quieres?». Entonces me di cuenta de lo tonta que era [...] No, eso no era lo que quería, para nada. Quería que la gente se fijara en mí y me respetara, no que se fijara en mí y me tratara con falta de respeto. Una vez que me alejé de él fui a buscar mi camiseta al casillero y volví a ponérmela.

Rosa y Cristina descubrieron a la fuerza que le enseñas a la gente cómo tratarte con la ropa que usas. Si quieres enseñarle que te trate con el respeto que te mereces como hija del Rey, sigue leyendo.

> «Vestirse con decencia no significa que tengas que vestirte como una abuela. Claro, es posible que tengas menos para elegir, pero vale la pena el sacrificio. Si las tiendas de tu zona no tienen suficiente variedad de estilos decentes, comienza una petición y preséntala al director de la tienda. Cuando presentamos unos mil nombres en una de estas peticiones en el centro comercial local, los encargados de los negocios formaron un comité de adolescentes para que fueran asesores de moda y desde entonces nos escuchan porque significa un mejor negocio para ellos».
>
> MARÍA

DE LA SOCIEDAD AL SANTUARIO

Un día iba caminando por un centro comercial cuando me encontré con un enorme cartel de propaganda, no en *Abercrombie & Fitch* ni en *Victoria's Secret,* en donde me hubiera esperado un despliegue visual inadecuado, sino en una tienda de *JCPenney*, donde compro con mis hijos pequeños. El cartel mostraba la parte trasera de una jovencita que tenía una camiseta ajustada atada al cuello, vaqueros de tiro bajo y una tanga que sobresalía con descaro de la cintura del pantalón. Razoné: *Seguro que es un intento creativo para promocionar tangas... ¡El Señor sabe que no se puede mostrar a una modelo con una de esas sin ponerle algunos vaqueros o algo sobre el trasero!* Treinta minutos después estábamos en el área de comidas cuando pasó por nuestra mesa una adolescente pavoneando sus atributos en... sí, adivinaste, una camiseta corta y ceñida, vaqueros de tiro bajo y una tanga asomando con orgullo por detrás. Pensé: *¿Así que esta es la última moda?* Aunque, por supuesto, nunca pensé que esto se infiltraría en la iglesia. Sin embargo, solo unos domingos después iba a dejar a los chicos en la iglesia de unos amigos y no pude creerlo cuando vi lo que llevaba puesto una de las chicas del grupo de jóvenes: ¡la misma vestimenta!

Es más, los pastores de jóvenes nos dicen: «¡Me asombra ver cómo vienen las chicas al grupo de jóvenes con una ropa tan indecente! ¿No saben que están en la iglesia? ¿No saben que la estimulación de los chicos es visual? ¿No saben que dan la impresión equivocada cuando se visten con tanta seducción para llamar la atención?». Es lamentable que demasiadas jovencitas *no* se den cuenta de estas cosas, o si lo hacen, están tan desesperadas por llamar la atención (incluso si esa atención no es saludable) que pasan por alto la sabiduría.

No obstante, si quieres ser una joven de integridad sexual, tienes que ser diferente. Más inteligente. Tienes que enseñarle a tus amigos varones cómo tratarte con dignidad y respeto en lugar de enseñarles que eres una golosina para los ojos o un juguete para su felicidad sexual. Cuando captes la mirada de un hombre, será por la manera en que te conduces, con confianza y carácter, no por un simple atuendo escaso. El chico que vuelva la cabeza para mirar tu belleza interior es probable que sea un joven temeroso de Dios que podría llegar a ser un excelente esposo algún día, no un don nadie que quiera usar tu cuerpo para su placer temporal. Tienes que mirar la verdad de Dios a fin de determinar cómo te vistes y ser un ejemplo de pureza y modestia para tu generación.

Busca las Escrituras para guiarte

Aunque la Biblia no tiene un código de vestimenta específico, siempre podemos regresar al mandamiento de Jesús como una pauta para la manera de tratar a otros, incluso cuando se trata de cómo vestirnos: «Ama a tu prójimo como a ti mismo» (Mateo 22:39).

Imagínate esta situación: Sabes que tu amiga hace dieta para bajar cinco kilos antes del baile de graduación de la secundaria. También sabes que si no baja de peso, el vestido para el baile le quedará demasiado ajustado y se sentirá incómoda toda la noche. Sin embargo, te mueres por las cosas dulces, eres delgada, no tienes que preocuparte por el peso y te encanta permitirte tus antojos en compañía de tus amigos. Así que cada vez que van de compras insistes que tú y tu amiga se compren uno de esos rollitos de canela que venden en *Cinnabon*. Además, siempre tienes provisiones de golosinas en casa y le llevas una todas las mañanas a la escuela. ¿Son actos de amor o de egoísmo hacia tu amiga?

Ahora considera lo siguiente: Sabes que la estimulación de los jóvenes es visual al ver el cuerpo de una mujer, en especial un cuerpo ligero de ropa (¡y si todavía no entendiste esta verdad, te recomendamos que leas *La batalla de cada hombre joven!*). Es probable que también sepas que los jóvenes temerosos de Dios intentan con desesperación hacer que sus ojos reboten de las imágenes que estimulen lo sexual. ¿Actúas con amor o con egoísmo si sabes estas cosas e insistes en vestirte con ropas que revelen todo lo que se pueda de tus elegantes curvas o tu piel bronceada?

> «Si tienes camisas demasiado cortas, puedes usar una camiseta más larga debajo. Es un estilo muy lindo y te mantiene el estómago cubierto cuando te mueves».
>
> ELISABET

Mientras te vistes cada mañana, trata de evaluar lo que quieres ponerte. Pregúntate: Si me pongo esto, ¿será una expresión de amor, haciendo que mis hermanos no tropiecen y caigan?

Aunque las Escrituras no son específicas en cómo nos tenemos que vestir, sí dicen algunas cosas específicas sobre la vestimenta que tendríamos que usar. Aquí hay algunos ejemplos:

> Vivamos decentemente, como a la luz del día, no en orgías y borracheras, ni en inmoralidad sexual y libertinaje, ni en disensiones y envidias. Más bien, *revístanse ustedes del Señor Jesucristo,* y no se preocupen por satisfacer los deseos de la naturaleza pecaminosa. (Romanos 13:13-14, énfasis añadido)

> Por lo tanto, como escogidos de Dios, santos y amados, *revístanse de afecto entrañable y de bondad, humildad, amabilidad y paciencia* [...] Por encima de todo, *vístanse de amor,* que es el vínculo perfecto. (Colosenses 3:12,14, énfasis añadido)

> *Revístanse todos de humildad* en su trato mutuo, porque «Dios se opone a los orgullosos, pero da gracia a los humildes». (1 Pedro 5:5, énfasis añadido)

¡Fíjate que en la Biblia no dice nada sobre estómagos al descubierto ni tangas! En lugar de esto, Dios nos dice que nos vistamos con Jesús, con humildad, con compasión, con amabilidad, con bondad, con paciencia y con amor. Tal vez estés pensando: *¡Pero no puedo ponerme eso para ir a la escuela!* ¡Ah, pero sí puedes! ¡Solo que también tienes que vestirte con ropa de verdad!

Así que, ¿cómo puedes traducir estas cosas bíblicas a términos prácticos? Sigue leyendo.

Limpia tu armario

En una época en la que mostrar más piel es la onda, donde la ropa interior se ha transformado en ropa exterior y donde la lencería de *Victoria's Secret* ya no se usa en secreto, tal vez sea hora de replantearte tu vestuario. Aunque al final solo tú puedes decidir si cada prenda es adecuada o no, podemos ofrecerte ayuda para determinar cómo tu atuendo afectará a otros cuando camines, te agaches, te estires y te muevas por ahí durante el día.

Usa la siguiente lista de preguntas para evaluar cada prenda que tienes. Una respuesta positiva quizá signifique que tienes que sacar esa prenda en particular de tu armario.

Blusas y camisetas

- Si la blusa se abotona, ¿te queda tan ajustada como para que alguien que está sentado a tu lado pueda ver a través de los espacios entre los botones cuando te mueves?
- Si te agachas o si hay alguien parado cerca de ti, ¿puede esa persona llenarse los ojos con tu escote*?
- ¿Tienes algún camiseta tan fina que otros pueden ver el encaje de tu sostén?
- ¿Alguna de tus camisetas sin mangas revelan los tirantes de tu sostén o requieren que no uses sostén?
- ¿Tus camisas muestran alguna parte de tu abdomen o espalda si haces la «prueba del aleluya» (levantar las manos sobre la cabeza)?
- ¿Alguna de tus camisetas tienen sugestivos lemas sexuales (tales como «sexy» o «coqueta»)?

Vaqueros y pantalones

- ¿Tienes pantalones que te queden tan ajustados como para que alguien pueda leer la fecha de la moneda que tienes en el bolsillo?
- ¿Tienes que acostarte en la cama y encoger el estómago para abrocharte alguno de tus pantalones?
- ¿Tienes algún pantalón con un tiro tan bajo que se pueda ver tu ropa interior desde atrás?
- ¿Tienes algún pantalón con letras o gráficos en la parte donde te sientas para llamar la atención a tu trasero?

---

* *escote:* el espacio entre los pechos de la mujer.

> «Es difícil concentrarse en ser como Jesús cuando veo a una chica con una camiseta muy ajustada y un vaquero de tiro bajo. No intento echarle toda la culpa a las chicas porque sé que hacemos nuestra parte en la provocación. Aun así, no quiero una novia que se exponga a otros chicos con una vestimenta indecente. Quiero una chica a la que pueda respetar y que respete el hecho de que quiero guardar mis ojos de desear su cuerpo antes de casarnos».
>
> CÉSAR

Faldas y pantalones cortos

- ¿Tienes faldas o pantalones cortos que te lleguen a la uña del pulgar cuando tienes los brazos a los costados?
- Mírate en un espejo de cuerpo entero y luego agáchate y tócate los dedos de los pies. ¿Se te ven las partes privadas o la braga en esta posición?
- ¿Tienes alguna falda que se te suba muy por encima de la rodilla cuando te sientas?
- Cuando usas una falda, ¿alguien que está sentado o parado frente a ti podría verte la braga o los muslos si no mantienes las piernas cruzadas?
- Sin tener en cuenta el largo de tus faldas, ¿tienes alguna que tenga aberturas en el frente, la parte de atrás o el costado, que permitan que un chico vea demasiado de tus piernas?

Ropa interior

- Si eliges usar tangas, ¿se te ve la banda elástica cuando te agachas o te inclinas?
- ¿Tienes sostenes que te gusta usar porque sabes que con ciertas camisetas se verán los bonitos tirantes?

Si toda tu ropa pasa esta prueba, puedes tener la seguridad de que te vistes con decencia. Vestida con rectitud, modestia y dignidad, ¡estarás vestida para impresionar a los jóvenes que en verdad vale la pena impresionar!

Fuerza y dignidad son su vestidura, y sonríe al futuro.

Proverbios 31:25, LBLA

Coquetear o no coquetear

Las palabras [de la mujer sabia] son placenteras, pero los labios [de la necia] son su ruina; sus primeras palabras son necedades, y las últimas son terribles sandeces.

Eclesiastés 10:12-13

Muchas jovencitas piensan que simplemente porque «solo están coqueteando» no lastiman a nadie. Sin embargo, ¿es verdad? ¿El coqueteo es siempre un juego inocente y divertido?

Alicia, Raquel y Diana pensaban de esta manera, pero ya no lo hacen. La experiencia les enseñó que el coqueteo puede llevar a situaciones comprometedoras e incluso peligrosas. Fíjate si estás de acuerdo luego de escuchar a dónde las condujo el coqueteo.

Mira... ¡pero no toques!

Alicia y un amigo coqueteaban después del grupo de jóvenes una noche cuando no había nadie cerca. Aunque ella actuaba en forma seductora «solo por diversión», él tenía más en mente que un simple coqueteo y comenzó a ponerse agresivo con ella. La forzó contra una pared, presionó su cuerpo contra el de ella y comenzó a besarla. Llena de indignación y asco, se las arregló para escaparse. Resume la lección que aprendió con estas palabras:

> Mi deseo de coquetear para llamar la atención y divertirme a expensas de la oleada hormonal de un chico terminó en una experiencia peligrosa y no tan divertida.

Raquel tuvo una experiencia similar cuando trabajaba como anfitriona en un lindo restaurante el verano en el que se graduó del instituto. El camarero era «de todo punto tan bellísimo como Mel Gibson» y a ella le encantaba lo sexy y atractiva que se sentía cuando coqueteaba con ella. Raquel comenzó a vestirse de manera provocativa para obtener más atención de su parte y se sentía premiada cuando le decía lo «buena» que estaba. Todo le parecía divertido, hasta que un día luego del trabajo le pidió que lo acompañara hasta su camión. Esta es la historia que nos cuenta:

> Hablamos unos minutos y luego me preguntó si quería ir a dar una vuelta con él. Sabía que lo mejor sería que no fuera, pero no quería perder su atención, así que fui. Manejó hacia un callejón detrás de la estación de gasolina y comenzó a besarme. Le dije que parara, pero me dijo que no podía esperar que le dijera que no luego de todo lo que le había dicho para volverlo loco. Aunque terminé con toda la ropa puesta, igual fue una experiencia muy traumática y al final renuncié al trabajo para alejarme de él y de ese amargo recuerdo.

Cuando Diana tenía catorce años, ella y sus amigas jugaban a tratar de atraer la atención de chicos mayores. Un año en un campamento de invierno, conoció a un chico de dieciocho años de otra de las iglesias en el campamento, que enseguida comenzó a prestarle mucha atención, lo cual le encantaba. Sabía que a sus padres no les gustaría que saliera con un chico mayor, pero pensó que nunca se iban a enterar de lo que hiciera en el campamento y que lo que no supieran no podía lastimarlos. Diana dice:

> Luego de un tiempo comencé a darme cuenta de pequeñas cosas que tendrían que haber sido una advertencia antes, pero que no lo fueron. Por ejemplo, me tocaba mucho, me abrazaba con fuerza durante un largo rato cada vez que nos veíamos, se sentaba muy cerca de mí en las sesiones.

> A veces quería que me sentara en su regazo, de cara a él. Mientras avanzaba el campamento, empecé a sentirme incómoda por las cosas que hacía que me excitaban. Me empezó a decir cosas sexuales y el último día me dio uno de sus fuertes abrazos y luego poco a poco corrió las manos por mi espalda y me agarró el trasero. Quería estar ofendida, pero sabía que lo había llevado a eso con mi coqueteo.

Alicia, Raquel y Diana se dieron cuenta de que comportarse en una forma seductora y jugar con la mente de un chico en nombre de la diversión no es un juego inocente.

Aunque Alicia, Raquel y Diana solo se «divertían», su coqueteo llevó a estos chicos a que creyeran que estaban interesadas en una relación romántica o física con ellos, y los chicos actuaron basándose en eso. (¿En serio?) Aun cuando trataban a propósito hacer que a estos chicos se les salieran los ojos con sus comentarios y comportamientos seductores, también querían que miraran, pero que no tocaran. ¿Te das cuenta por qué hay ciertos tipos de coqueteos que son crueles para un chico, y crueles si él te los hace a ti?

Entonces, ¿y si me gusta?

A este punto quizá te preguntes: *¿Qué pasa si me atrae un chico? ¿No puedo actuar en forma amigable con él y permitir que sepa que me gusta?* Sí puedes, mientras que:

- tu comportamiento y tus palabras no sean sugestivas en lo sexual, ni seductoras, ni evidentemente superfluas;
- su edad sea apropiada para la tuya;
- esté disponible (soltero o sin salir con nadie);
- no tenga ningún problema significativo de carácter (y que sea un cristiano con valores afines); y

- los que te conocen mejor y te aman más que nadie: tus padres y amigos, apoyen la relación.

Si quieres ser una joven de integridad sexual y emocional, tus acciones tienen que estar en línea con tu corazón y no puedes engañar a un chico enviándole mensajes de que te interesas en él cuando no es así. También tienes que considerar lo que dicen las Escrituras sobre este tipo de comportamiento.

Busca en las Escrituras

Aunque no vas a encontrar la palabra *coqueteo* en la Biblia, eso no significa que Dios no diga nada al respecto. A Él le importan mucho los mensajes que comunicamos con nuestras palabras y nuestras acciones. Considera estos versículos y cómo se aplican al coqueteo:

> De la abundancia del corazón habla la boca. [La] que es [buena], de la bondad que atesora en el corazón saca el bien, pero [la] que es [mala], de su maldad saca el mal. Pero yo les digo que en el día del juicio todos tendrán que dar cuenta de toda palabra ociosa que hayan pronunciado. Porque por tus palabras se te absolverá, y por tus palabras se te condenará. (Mateo 12:34-37)

¿Qué revelan las palabras que hablas al sexo opuesto sobre tu carácter y tu corazón?

> Entre ustedes ni siquiera debe mencionarse la inmoralidad sexual, ni ninguna clase de impureza o de avaricia, porque eso no es propio del pueblo santo de Dios. Tampoco debe haber palabras indecentes, conversaciones necias ni chistes groseros, todo lo cual está fuera de lugar; haya más bien acción de gracias. (Efesios 5:3-4)

¿Puedes decir con sinceridad que en tus palabras y en tus acciones ni siquiera se menciona la inmoralidad sexual?

> Cuando ponemos freno en la boca de los caballos para que nos obedezcan, podemos controlar todo el animal. Fíjense también en los barcos. A pesar de ser tan grandes y de ser impulsados por fuertes vientos, se gobiernan por un pequeño timón a voluntad del piloto. Así también la lengua es un miembro muy pequeño del cuerpo, pero hace alarde de grandes hazañas. ¡Imagínense qué gran bosque se incendia con tan pequeña chispa! También la lengua es un fuego, un mundo de maldad. Siendo uno de nuestros órganos, contamina todo el cuerpo y, encendida por el infierno, prende a su vez fuego a todo el curso de la vida. (Santiago 3:3-6)

¿Entendiste la última parte? La lengua «contamina todo el cuerpo». Si quieres ser una joven de integridad sexual y emocional, que tus palabras, pensamientos, acciones y convicciones estén de acuerdo con la Palabra de Dios. ¿Recuerdas lo que hablamos en el capítulo 3? Cuando estas cuatro cosas están de acuerdo y se alinean con la Palabra de Dios, actuamos con integridad sexual y emocional. No obstante, si cualquiera de estas esferas no se alinea con la Palabra de Dios, ponemos en peligro nuestra integridad sexual, sin importar cuán lejos lleguemos desde el punto de vista físico.

He aquí uno de mis versículos favoritos que promete que si elegimos con cuidado nuestras palabras para reflejar el amor puro de nuestro Salvador, nuestra recompensa será su favor y su amistad:

> [La] que ama la pureza de corazón y tiene gracia al hablar tendrá por amigo al rey. (Proverbios 22:11)

A Dios le importan tus palabras, tanto lo que dices y cómo lo dices.

Un filtro para nuestras palabras y acciones

Ahora que entiendes mejor lo que es el coqueteo inadecuado, lo cruel y peligroso que puede ser y lo que piensa Dios sobre la manera en que usas tus palabras, examinemos la forma en que puedes asegurarte de que tus palabras y acciones sean en beneficio de otros y la manera en que puedes evitar «siquiera mencionar la inmoralidad sexual».

Si no estás segura de que tu comportamiento con un chico sea un coqueteo inadecuado, hazte las siguientes preguntas. Estas pueden ayudarte a determinar si tus palabras y tus acciones son en beneficio de un chico o si son en beneficio de tu propio ego.

- ¿Qué espero obtener si digo o hago esto? Al final, ¿estas palabras nos dañarán a alguno de nosotros o serán útiles para ambos?
- ¿Este chico sale con alguien? Si es así, ¿la novia se enojaría conmigo si supiera que converso con su novio de esta manera?
- ¿Lo tentarán estas palabras a venir cerca de mí más seguido de lo que debería? ¿Lo excito de manera sexual?
- ¿Uso palabras o acciones para manipular a esta persona a fin de que satisfaga mis necesidades emocionales y me haga sentir mejor?
- Si digo lo que pienso decir o hago lo que pienso hacer, luego me doy vuelta y encuentro a uno de mis padres, hermanos o amigos parados ahí, ¿tendría que explicar algo?
- Si percibo que un chico que no me interesa demasiado coquetea conmigo, ¿le sigo la corriente y juego para que sea divertido para él o mantengo mis convicciones personales sobre proteger mi boca y su corazón?

También recomendamos que:

- Pases por alto a cualquiera que te dirija miraditas y que te grite (como «¡Oye, nena!»), o trate de atraer tu atención en formas inadecuadas. Finge que ni siquiera lo escuchas y no lo mires. Todo lo que quiere es tu atención, y si se la das, incluso si solo es para reprenderlo por tratarte sin respeto, caes en su juego. Las acciones hablan más fuerte que las palabras. Si no obtiene ninguna respuesta de tu parte, captará tu mensaje de que no eres una chica con la que se juega, y pensará dos veces antes de volver a ponerse en ridículo cerca de ti.

- Cuando hablas con un chico por teléfono, no digas cosas sugestivas sexualmente. Una buena regla general es no decir nada que te daría vergüenza que otros escuchen. Además, evita hablar por teléfono con un chico luego de la hora de dormir. Estas conversaciones privadas a altas horas de la noche casi siempre abren la puerta para alimentar pasiones sexuales.
- Dirige cualquier conversación o pregunta relacionada con temas sexuales a un padre o mentor de confianza, como un consejero, pastor de jóvenes o maestro del mismo género. No hables de asuntos sexuales con tus compañeros, en especial con los del sexo opuesto. Casi nunca saben más de lo que tú sabes sobre asuntos sexuales y pueden llevarte enseguida por mal camino a fin de que bajes tus normas sexuales a su nivel, el cual puede ser muy bajo. Este tipo de conversaciones también puede malinterpretarse como coqueteo, puede ser muy excitante para ti y para otros y puede abrir la puerta a las tentaciones físicas. La única excepción a esta regla es una amiga de rendición de cuentas que sabes que será severa contigo y te desafiará a hacer lo bueno de forma coherente.

Corre al lugar más seguro

La próxima vez que te veas tentada a coquetear «solo por diversión», recuerda que hay alguien al que puedes susurrarle los deseos de tu corazón, con el que puedes divertirte y que no pondrá en peligro tu integridad, sino que la fortalecerá. Si buscas una relación segura para volcar tu atención y tu afecto, no tienes que buscar más allá que en Jesucristo. Él puede deleitar tu corazón y tu alma y satisfacer cada fibra de tu ser mucho más de lo que cualquier chico en el planeta puede hacerlo.

Si estás pensando: *De ninguna manera hablar con Dios va a ser tan emocionante como hablar con un chico*, no le has permitido al Creador que te corteje. El mismo Dios cuyas palabras tuvieron el poder para formar el universo entero anhela susurrar palabras a tu corazón que tienen el poder de estremecerte, sanarte y atraerte hacia una relación de amor más profunda de lo que nunca imaginaste. Un chico puede decir que te ves bien, pero Dios dice que está «cautivado por tu hermosura» (Salmo 45:11). Un novio te puede decir «Por supuesto que te amo», pero Dios dice: «Con amor eterno te he amado; por eso te sigo con fidelidad» (Jeremías 31:3). Incluso tu futuro esposo puede decirte: «Estoy comprometido contigo hasta la muerte», pero Dios te dice ahora mismo: «Nunca te dejaré; jamás te abandonaré» (Hebreos 13:5) y que ni la muerte puede separarte de su amor que es en Cristo Jesús (véase Romanos 8:38-39).

Aparta tiempo para conectarte con Dios y decirle todas las cosas que le dirías a un novio o a una mejor amiga. Dile lo que hay en tu corazón y luego escucha lo que Él te dice desde su corazón al tuyo. Aparta tiempo para llegar a conocerlo de manera íntima. No solo se revelará a ti, sino que también te ayudará a conocerte mejor y te mostrará los secretos de cómo satisfacer tus deseos más profundos de amor e intimidad genuinos. Él sabe lo que necesitas mejor que tú y quiere satisfacerte de una manera total y plena.

Sean, pues, aceptables ante ti mis palabras y mis pensamientos, oh SEÑOR, roca mía y redentor mío.

Salmo 19:14

CUARTA PARTE

Protege tu mente

12

Gana la batalla mental

Cuando quiero hacer el bien, me acompaña el mal. Porque en lo íntimo de mi ser me deleito en la ley de Dios; pero me doy cuenta de que en los miembros de mi cuerpo hay otra ley, que es la ley del pecado. Esta ley lucha contra la ley de mi mente, y me tiene cautivo.

ROMANOS 7:21-23

En la película *Lo que Ellas Quieren*, Nick Marshall, interpretado por Mel Gibson, desarrolla una habilidad telepática para escuchar cada pensamiento, opinión y deseo que pasa por la cabeza de todas las mujeres. Aunque la trama es rebuscada, nos hace reflexionar.

¿Cómo te sentirías si cada chico que encontraras tuviera la habilidad de leerte la mente, solo por estar en tu presencia? ¿Te pone nerviosa esa posibilidad? ¡Seguro que sí! En especial si consideras los pensamientos que nunca le contarías a nadie, como por ejemplo:

- *Me pregunto si piensa que soy linda.*
- *¡Vaya! ¡Está bueno!*
- *¿Qué se sentirá al besarlo?*
- *¿Será el indicado?*

¿Y qué sucedería si las mujeres también desarrollaran esta habilidad? Puede que escuchen estos pensamientos privados tuyos:

- *Se cree la gran cosa, ¿no?*
- *¿Cómo hizo para conseguir un chico tan lindo?*

- *Me pregunto si su novio se interesaría en mí si se separaran.*
- *¡Al menos no soy así de gorda!*

Aunque puedes descansar sabiendo que no es probable que nadie desarrolle esta sensibilidad por ahora, tienes una preocupación aun mayor. Dios siempre tuvo esta habilidad.

¿Qué hay dentro de tu corazón y de tu mente? ¿Podrías, como David, ser tan audaz como para orar de esta manera: «Examíname, SEÑOR; ¡ponme a prueba! purifica mis entrañas y mi corazón» (Salmo 26:2)? Fíjate que David no dijo: «Examina mis acciones». Le pidió a Dios que examinara lo que *pensaba.*

Incluso las jóvenes que nunca han estado en una relación seria o envueltas en actividad sexual a menudo tienen pensamientos y anhelos impuros. Sin importar cuál sea nuestro pasado, todas tenemos esta lucha.

A pesar de que intentemos impedir que los pensamientos tentadores entren a nuestra mente, algunos se filtran. La vida en sí trae tentaciones. El día que dejes de experimentar tentaciones no será el día en que dejes de leer novelas románticas ni de ver MTV, ni películas para adultos. Tampoco será el día en el que pongas una alianza matrimonial en tu dedo, o incluso el día que ayunes y ores durante doce horas seguidas. El día que dejes de experimentar tentaciones será el día en que mueras. La tentación forma parte del ser humano y no eres una excepción a esa regla.

De modo que, solo por el hecho de que todas tengan pensamientos tentadores, no significa que sea sabio permitirlos, ni albergarlos. No puedes evitar que un pensamiento te cruce por la cabeza, y Dios lo entiende. Sin embargo, puedes negarte a albergar este tipo de pensamientos. Como dice la famosa cita:

> Siembra un pensamiento, cosechas una acción;
> Siembra una acción, cosechas un hábito;
> Siembra un hábito, cosechas un carácter,
> Siembra un carácter, cosechas un destino.
>
> Samuel Smiles

Si quieres ser una joven de integridad sexual y emocional, querrás que tus pensamientos cosechen acciones y hábitos positivos a fin de que logren reflejar mejor el carácter de Cristo y llegar al destino que tiene Dios para tu vida. Para ayudarte a entender cómo hacer esto, examinemos tres preguntas acerca de tus pensamientos:

1. ¿Qué efecto tienen tus pensamientos en tu batalla de integridad sexual y emocional?
2. ¿Cómo puedes cuidar tu mente de las influencias que te hacen pecar?
3. Según la Biblia, ¿en qué tienes que concentrar la mente y cómo es posible?

EL PENSAMIENTO EQUIVALE AL ENSAYO

Para ayudarte a responder a la pregunta de cómo te afecta lo que piensas, imagínate a una actriz que se prepara para representar una obra. Memoriza sus líneas, se mete dentro de la cabeza del personaje y trata de imaginar cómo se sentiría y actuaría esta persona. Ensaya para ser esa persona. Piensa a cada momento en hacer lo que haría esa persona y en decir lo que diría esa persona, justo de la manera en que lo diría. Cuanto más haya ensayado ese personaje, más convincente y «automática» será su actuación.

Algo similar sucede cuando fantaseas en el campo sexual o emocional con un comportamiento inadecuado. Ensayas cuando piensas en las conversaciones que tendrías si alguna vez te encontraras a solas con alguien en particular. Ensayas cuando te imaginas un encuentro sexual íntimo. Ensayas cuando te imaginas lo que dirás y harás en esos encuentros. El ensayo te hace susceptible a actuar en situaciones acerca de las que has estado fantaseado. Alimenta tu deseo y rompe tu resistencia. Así que cuando Satanás te tienda la trampa y te ponga en una situación comprometedora parecida, ¿adivina qué sucedería? Lo más probable es que representes el papel con exactitud tal y como lo ensayaste. Si no cuidas tu mente, te darás cuenta que cuando se trata de las relaciones con el sexo opuesto, tu resistencia puede estar debilitada antes de que cualquier encuentro tenga lugar.

Con todo, tienes posibilidades de elegir: no tienes por qué ser el blanco de los dardos de Satanás. Puedes preparar tu mente a fin de que tenga cuidado.

PREPARA TU MENTE PARA QUE TENGA CUIDADO

Uno de mis dichos favoritos es: «*No* puedes impedir que los pájaros vuelen sobre tu cabeza, ¡pero *sí* puedes impedir que hagan nido en tu cabello!». Se puede decir lo mismo de la tentación.

Por ejemplo, tal vez una de tus amigas tenga un novio muy atractivo y estás tentada a quedarte después de clase a charlar con él, solo para ver hasta dónde te lleva la conversación. (En secreto te preguntas si podrás llegar a gustarle más de lo que le gusta ella). O quizá tu maestro favorito estimule tu espíritu, y por un momento te imaginas lo interesante que sería explotar sus brillantes conocimientos durante el almuerzo, aunque podrían despedirlo por salir con una estudiante. Tal vez el uniforme de fútbol de un chico te hace preguntar por un momento fugaz cómo se vería sin él. Repito, este tipo de pensamientos perdidos no son pecado, pero acariciar pensamientos inadecuados o fantasías sexuales *es* pecado y aumenta las probabilidades de que actúes basada en esos pensamientos en el futuro.

No puedes impedir la tentación, pero puedes evitar los ensayos y, por cierto, puedes negarte a actuar de acuerdo a un pensamiento tentador. Puedes preparar tu mente para que tenga cuidado. Ninguna tentación se transforma en pecado sin que le des permiso.

Entonces, ¿cómo te las arreglas para impedir que los pájaros hagan nido en tu cabello? ¿Qué haces cuando te enfrentas cara a cara con pensamientos tentadores? ¿Y cómo evitas ensayarlos?

HAZ REBOTAR TUS PENSAMIENTOS

Como dijimos en el capítulo 4, las Escrituras nos dicen que Jesús fue tentado, incluso en el ámbito sexual, pero que fue sin pecado.

> Porque no tenemos un sumo sacerdote incapaz de compadecerse de nuestras debilidades, sino uno que ha sido tentado en todo de la misma manera que nosotros, aunque sin pecado. Así que acerquémonos confiadamente al trono de la gracia para recibir misericordia y hallar la gracia que nos ayude en el momento que más la necesitemos. (Hebreos 4:15-16)

Jesús entiende lo que se siente al ser tentado. Él también fue humano. Pasó por las mismas tentaciones que experimentas en las relaciones, pero no cedió a ninguna de ellas. Si el Espíritu Santo vive en ti, puedes tener la misma victoria al aprender a resistir la tentación.

Puedes hacer que los pensamientos inadecuados reboten fueran de tu cerebro ensayando respuestas adecuadas para ellos. Por ejemplo, si de repente te imaginas en una situación sexual con tu cita, haz que ese pensamiento rebote pensando en cómo responderás si comienza a besarte con la lengua o si te pide que hagan algo a escala sexual. Practica en tu mente cómo te negarás de manera educada. En lugar de imaginarte cómo puedes manipular a tu novio para que estén solos, imagina la diversión que pueden tener juntos en un lugar público. En tu mente, visualízate cortando de raíz cualquier obsesión enfermiza. Haz que los pensamientos enfermizos reboten de tu mente e invita a los pensamientos saludables.

También puedes reprender a la tentación ensayando en la mente cómo comunicarle a un chico que contigo no se juega o que no eres una necesitada emocional:

- *Imagina cómo responderías si el novio de tu mejor amiga se te acercara mientras estás sola y te dijera que siempre pensó que eres linda.* En lugar de seguir coqueteando o de entretener pensamientos que traicionarían a tu amiga, imagina cómo le dirías: «Gracias», y te irías a donde hay otra gente reunida.

- *Supongamos que un chico atractivo del trabajo dice que estás tan buena que cuando piensa en ti tiene que darse una ducha fría.* En lugar de sentirte halagada por un comentario sexual tan inadecuado, solo imagínate cómo le contestarías de forma adecuada, como por ejemplo: «No me gusta ese tipo de comentarios», y te irías. Si algo como esto ocurre en verdad y tu respuesta no lo disuade, dile a tu jefe que te están acosando sexualmente.
- *Supongamos que un chico atractivo te invita a salir, pero tiene una mala reputación y no cree en Dios.* En lugar de considerar todas las maneras en que podrías «cambiarlo con tu amor» e imaginar cómo sería salir con él, figúrate que le respondes: «Agradezco tu invitación, pero no, gracias».
- *Imagínate que un chico mucho mayor que tú comienza a coquetear contigo y a invitarte a que te encuentres con él luego de la escuela.* En lugar de pensar cuánto te gustaría salir con él, imagina que le dices con educación algo así: «Disculpa, pero no estoy interesada».

Otra manera de luchar contra los pensamientos inadecuados es redirigirlos.

Reorienta los pensamientos que te tientan

Aquí tienes algunos ejemplos para que comiences a pensar en la dirección adecuada.

- Cuando veas a un chico atractivo, resiste las ganas de fantasear con él. Solo di: *¡Señor, tú sí que sabes cómo hacer obras de arte!* Y luego sigue adelante con tu mirada puesta en Dios en lugar de en algún chico.
- Cuando un pensamiento inadecuado o pecaminoso te venga a la mente, redirígelo meditando en versículos que memorizaste para mantener tu atención en donde tiene que estar. Los siguientes versículos son buenos:

> [A la] que salga [vencedora] le daré el derecho de sentarse conmigo en mi trono, como también yo vencí y me senté con mi Padre en su trono. (Apocalipsis 3:21)

> Hasta [una necia] pasa por [sabia] si guarda silencio; se le considera prudente si cierra la boca. (Proverbios 17:28)

> No se amolden al mundo actual, sino sean transformados mediante la renovación de su mente. Así podrán comprobar cuál es la voluntad de Dios, buena, agradable y perfecta. (Romanos 12:2)

- Canta alguna canción en tu mente que te ayude a resistir la tentación. La canción «Dismissed» de *ZOEgirl* y la canción «Wait for me» de Rebecca St. James son ejemplos de canciones que pueden mantener tus pensamientos en donde tienen que estar.

- En lugar de entretener pensamientos sexuales o inadecuados acerca de un chico, ora por su futura esposa. También puedes orar por el esposo que quizá tengas algún día. Recuerda que entretener pensamientos inadecuados o sexuales acerca de esta persona puede crear un bagaje emocional que no te enorgullecería llevar a tu futuro matrimonio. Da gracias a Dios porque con su ayuda puedes mantener tu corazón y tu mente en pureza.

- Por último, como dice mi coautor, Steve, en su programa de radio *New Life Live,* cuando te enfrentas a la tentación cara a cara, solo pasa a la próxima actividad adecuada. ¿Ibas camino a la parada del autobús cuando te encontraste con ese chico que está tan bueno? Entonces no dudes. Toma ese autobús. ¿Ibas a encontrarte a estudiar con una amiga? No la dejes esperando. Ve. Si quieres permanecer en el camino de la rectitud, no permitas que un chico atractivo te distraiga si es una relación que no deberías considerar.

¿Cuál es tu plan de juego para reprender y redirigir los pensamientos que te tientan? ¿Cómo responderás cuando pase ese pájaro volando? ¿Lo espantarás o lo dejarás que construya un nido en tu cabello? Una de las principales maneras en las que puedes espantarlo es manteniendo tu atención en el Creador (Dios) en lugar de concentrarte en la creación (¡los chicos lindos!).

LO MÁS IMPORTANTE ES LO MÁS IMPORTANTE

Ya lo dijimos antes, ¿pero te acuerdas qué fue lo que Jesús calificó como lo más importante en la vida?

> —"Ama al Señor tu Dios con todo tu corazón, con todo tu ser y con toda tu mente" —le respondió Jesús—. Este es el primero y el más importante de los mandamientos. (Mateo 22:37-38)

Este versículo no dice que Jesús quiere que ames al Señor con *lo que queda* de tu corazón, alma y mente. Tampoco dice que tienes que sentarte todo el día y meditar en Dios. Él sabe que tienes una vida. Él mismo te la dio y quiere que seas la mejor estudiante, hija, hermana y amiga posible.

De acuerdo con estos versículos, Jesús quiere que amemos a Dios *más* que a cualquier otra cosa que requiera nuestro tiempo y atención. Debemos amar a Dios más que a nada en este mundo, con toda la pasión y la fuerza de la que seamos capaces. Cuando concentramos nuestros pensamientos y energía en las cosas que ha preparado para que hagamos y que son agradables a Él, demostramos este amor por Dios. El Señor quiere que llevemos a cabo la exhortación que Pablo le hizo a la gente de Filipos:

> Todo lo verdadero, todo lo respetable, todo lo justo, todo lo puro, todo lo amable, todo lo digno de admiración,

en fin, todo lo que sea excelente o merezca elogio. (Filipenses 4:8)

Te contaré cómo una joven que ama a Dios y vive para servirlo puede poner este versículo en práctica: Se levanta de la cama a fin de prepararse para el día, intentando lucir lo mejor posible para causar una impresión positiva en las personas con las que se encuentre, pues sabe que representa a Dios. Es probable que pase algunos minutos leyendo la Biblia, orando o cantando al Señor mientras se riza el cabello frente al espejo del baño. Durante el desayuno, le da los últimos toques a su tarea y prepara el bolso para la escuela, se prepara para ser una estudiante responsable. Mientras se concentra en sus maestros y trata de aprender lo más posible, lo hace para aprovechar al máximo el potencial que Dios puso en su interior.

Al ir de clase en clase, tiene el radar listo para ver si alguna de sus amigas necesita ánimo. Si tiene alguna amiga que no conoce a Jesús, busca oportunidades para mostrarle a Jesús mediante sus actitudes y acciones. Mientras escribe una nota para felicitar a una compañera que entró al equipo de animadoras, reenvía un correo electrónico gracioso a una amiga o llama a su abuela para ver cómo está, lo hace para forjar y mantener relaciones saludables y positivas.

No decimos que Dios sea lo único en lo que se supone que tengas que pensar. Lo que sí decimos es que mientras piensas en las cosas que requieren tu atención cada día, puedes amar a Dios con todo tu corazón, tu alma y tu mente y mostrarles su amor a otros. Cuando demuestras una administración responsable de la vida que Él te dio, tu vida es una prueba innegable de tu amor por Él.

Él guardará en perfecta paz a cuantos confían en Él, y cuyos pensamientos buscan a menudo al Señor.

Isaías 26:3, LBD

13

Una dieta de hambre saludable

> Hagan morir todo lo que es propio de la naturaleza terrenal: inmoralidad sexual, impureza, bajas pasiones, malos deseos y avaricia, la cual es idolatría. Por estas cosas viene el castigo de Dios.
>
> COLOSENSES 3:5-6

Hay dos fuerzas opuestas que luchan dentro de cada cristiano. La Biblia se refiere a estas fuerzas como nuestra carne y nuestro espíritu. Aunque los cristianos se deleitan en la ley de Dios, también peleamos contra la «ley del pecado» que hace que anhelemos cosas impías. En su carta a los romanos, Pablo escribe acerca de cómo funcionan estas dos leyes en nosotros:

> Así que descubro esta ley: que cuando quiero hacer el bien, me acompaña el mal. Porque en lo íntimo de mi ser me deleito en la ley de Dios; pero me doy cuenta de que en los miembros de mi cuerpo hay otra ley, que es la ley del pecado. Esta ley lucha contra la ley de mi mente, y me tiene cautivo. ¡Soy un pobre miserable! ¿Quién me librará de este cuerpo mortal? ¡Gracias a Dios por medio de Jesucristo nuestro Señor! (7:21-25)

¿Te parece conocido? ¿Alguna vez intentaste dejar de hacer algo que sabías que estaba mal, pero que sencillamente no podías dejar? ¿Alguna vez intentaste ser más disciplinada en cierta esfera de tu vida, pero cediste bajo la presión?

Estas batallas son bastante previsibles. Cuando el bien y el mal pelean dentro de ti, ¿sabes cuál se llevará el premio al final? Cuando tu carne pelea con tu espíritu, ¿sabes quién gana al final? *El que alimentas más.* Si te das un festín de MTV o de novelas románticas, puedes contar con que tu carne tome el control cuando te enfrentes con tentaciones sexuales. No obstante, si te das un festín de la Palabra de Dios, la oración y relaciones saludables con personas temerosas de Dios, tu espíritu dominará a cada momento la carne, incluso en medio de tentaciones feroces.

¿A quién alimentas más, a la carne o al espíritu?

Entra basura, sale basura

Aunque creas que puedes ver programas de televisión de mala calidad, escuchar música atrevida o incluso ver pornografía sin ningún efecto negativo, yo soy una prueba viviente de que una vez que la basura entra a tu cerebro, se pudre y hace que tu vida huela mal. Cuando tenía doce años comencé a ver todas las telenovelas de cada verano. Desde las once y media de la mañana hasta las tres de la tarde, cinco días a la semana, veía con fidelidad *Ryan's Hope*, *All My Children*, *One Life to Live* y *General Hospital.*

Al reflexionar en esa etapa de mi vida, veo un paralelo directo entre lo que permitía entrar a mi mente y lo que salía de mi vida. *Ryan's Hope* no me dio con exactitud la esperanza de vivir un estilo de vida puro. Me sorprende no haber tenido hijos antes de casarme, con todo lo que veía en *All My Children.* También doy gracias por no haber perdido mi «única vida para vivir» por enfermedades de transmisión sexual, y tendrían que haberme ingresado en un «hospital general» porque siempre estaba enferma de amor.

En esos días, mi ídolo era Erica Cane, el personaje de Susan Lucci en *All My Children.* Me fascinaba su estilo seductor y cómo los hombres caían rendidos a sus pies. Incluso tan pronto como en sexto grado, comencé a practicar sus trucos del oficio convenciendo a los niños de que si le mentíamos a nuestros padres y nos encontrábamos en el cine, en realidad no era una cita.

Pasaba los veranos mirando telenovelas, pero hace veinte años ni un científico espacial programaba una casetera de vídeos, así que en época de clases me mantenía en abstinencia de telenovelas. Sin embargo, pronto encontré un sustituto cuando una amiga me inició en las novelas románticas. Me sentaba en clase con mi manual de preparación para el romance oculto entre las páginas de mi libro de texto de historia y en mi mente ensayaba cómo manipular y seducir a los jovencitos para que me dieran amor y atención. Cuando me gradué de la universidad diez años más tarde, mi lista de relaciones sexuales hubiera hecho que se le cayera la mandíbula incluso a un personaje de telenovela. Aunque era cristiana, alimentaba mi carne mucho más que lo que alimentaba mi espíritu, y como resultado, la carne controlaba mis decisiones sexuales.

UNA DIETA PELIGROSA

Aprendí a los golpes que cuando llenas tu mente con imágenes sexuales, despiertas deseos sexuales que solo deberías entretener y satisfacer dentro del matrimonio. Silvia también lo hizo. Comenzó a leer las novelas románticas de su mamá y pronto se dio cuenta de que no solo estimulaban sus emociones, sino también su sexualidad. Silvia explica:

> A veces tenía una novela romántica con una mano mientras me masturbaba con la otra. Tengo demasiado miedo y vergüenza como para preguntarle a alguien sobre lo que pienso y siento. Nadie habla de esto en la iglesia y a veces me pregunto: *¿Seré la única que piensa de esta manera?*

Aunque Silvia se siente sola en su lucha, sin duda que no lo está. No sufres ninguna tentación que no sea común a las mujeres (véase 1 Corintios 10:13), y la fantasía y la masturbación son por cierto dos de las más comunes.

Es lamentable que algunas jóvenes permitan que sus fantasías mentales se conviertan en realidad. Esto fue lo que le pasó a la hermana de Aleida. A las dos les encantaba mirar MTV y telenovelas para adolescentes: *Melrose Place, Dawson's Creek* y viejos episodios de *Beverly Hills 90210*, pero Aleida dejó de hacerlo cuando escuchó hablar a un pastor de jóvenes sobre los problemas que puede traer poner esas imágenes en nuestras mentes. Por desgracia, su hermana no lo hizo. Aleida nos contó su triste historia:

> Cuando mi hermana tenía dieciséis años, se vestía como Madonna y otras estrellas del pop, y era novia de un chico que pasaba mucho tiempo en casa. Cuando cumplió los diecisiete años, se enteró de que estaba embarazada. Tuvo que dejar la escuela porque se sentía mal y tenía náuseas. Su novio no quiso tener nada que ver con el bebé y ella tuvo que darlo en adopción. Perdió a la mayoría de sus amigos y los chicos nunca la invitan a salir. Es de lamentar que todavía vea algunas de las cosas que creo que la metieron en este problema en un principio.

Aleida parece ser una joven sensata. Es trágico cuando el mundo de alguien que amamos se pone al revés como resultado de la influencia negativa de los medios de comunicación, pero que se niegue a dejarlos.

Aunque no conocemos a nadie que se vuelva adicto a la pornografía a propósito, hemos conocido a gente joven que por inocencia tropezó con una película o un sitio Web pornográfico y, en lugar de apagarlo de inmediato y hacer rebotar sus pensamientos, se quedaron mirando, y se dieron cuenta de lo adictivo que puede ser. Jennifer dice que esto fue lo que le pasó.

Tarde una noche, pasaba de un canal a otro en el televisor de su cuarto y se encontró con un programa que se parecía a *Los vigilantes de la playa*. Un chico y una chica estaban en la playa y él le daba respiración boca a boca, como si la hubiera salvado de ahogarse. Jennifer quedó atónita cuando comenzaron a hacer cosas sexuales que casi nunca se ven en un programa de televisión. Incluso cuando se dio cuenta de que era una película pornográfica, la siguió mirando, y luego otra y otra esa noche. Comenzó a quedarse levantada después que todos se iban a dormir, solo para ver ese canal. Jennifer nos cuenta:

> Algunas semanas más tarde, me llevé un tremendo susto cuando mi mamá me despertó a las dos de la mañana, preguntándome: «¿Qué estás mirando, jovencita?». Había estado mirando películas pornográficas, pero tenía demasiado miedo de admitirlo, así que mentí. Dije que más temprano había estado mirando un programa de televisión de horario de mayor audiencia y que me había quedado dormida a eso de las diez de la noche antes de que el canal empezara a pasar pornografía. Mi mamá me creyó, pero siempre me sentí mal por eso. Logró que tenga temor de Dios para nunca más ver ese tipo de cosas, y nunca más lo hice. Solo quisiera poder sacar esas imágenes de mi mente.

Quisiéramos conocer alguna inyección rápida que ayude a Jennifer a sacar esas imágenes de su cabeza, pero no existe. Esa es una de las cosas alarmantes de la pornografía: incluso cuando no la estás viendo, las imágenes destellan en la pantalla de tu mente.

También es perturbador cómo la pornografía puede caer de repente delante de tus ojos, aun cuando no la estés buscando. Karen no tenía idea de que estaba a punto de ver un mensaje pornográfico cuando abrió un correo electrónico que decía en el asunto: «¡Las chicas que solo quieren divertirse!». Pensó que era un chiste o un mensaje de un amigo. Cuando vio que era pornografía, pensó que era gracioso y se lo mostró a un compañero en la computadora del laboratorio. Su compañero le contó sobre algunos sitios pornográficos en la Web donde podía encontrar imágenes similares. Antes de darse cuenta, Karen dice que estaba atrapada:

> Al principio, entraba a algunos de estos sitios por el impacto que me producía y para reírme, pero luego me di cuenta que siempre miraba este tipo de cosas. En la noche pensaba en esas fotos y a veces me levantaba en medio de la noche a navegar por Internet para encontrar otros sitios. Me preocupa que quizá sea adicta a ellos porque parece que no puedo parar.

Jennifer y Karen descubrieron lo que muchas jóvenes descubren a los golpes: la pornografía puede ser adictiva y consumir tu mente con pensamientos que te acosan a cada instante, incluso cuando tienes los ojos cerrados.

Haz una dieta de hambre

Si en tu dieta regular hay mensajes de los medios de comunicación que debilitan tus defensas en la batalla de integridad sexual, te exhortamos con convicción que hagas una dieta de hambre. Cuando le haces pasar hambre a tu apetito por el pecado, pierde su poder sobre ti. Luego tu hambre de rectitud y pureza comienza a conducir tus pensamientos, tus acciones y tus actitudes.

Para pasar hambre, solo haz lo siguiente:

- *Decide no ver telenovelas durante el día o la noche.* Las novelas que son populares entre las adolescentes como *Melrose Place, Charmed, Dawson's Creek* y *The O.C.* en general representan la relación sexual fuera del matrimonio como algo que *todos* hacen y que está aceptado por la sociedad. Sin embargo, los personajes de esos programas rara vez se enfrentan a embarazos no planeados, enfermedades de transmisión sexual, autoestima baja, depresión, convicción espiritual y todas las otras cosas que vienen junto con el acto sexual prematrimonial. Por supuesto, las telenovelas no son los únicos programas televisivos que representan la relación sexual fuera del matrimonio como algo aceptable, y hablaremos sobre estos en el siguiente capítulo así como algunas maneras de discernir entre programas de televisión adecuados e inadecuados.

- *Evita ver programas de entrevistas que se burlen del plan de Dios para la relación sexual.* Aunque puede ser entretenido escuchar todos los detalles escandalosos de la vida sexual de otras personas en programas como *Jerry Springer, Maury* y *Jenny Jones*, creemos que estos programas son una gran pérdida de tiempo y hacen mucho más mal que bien. Los temas que tratan estos programas casi siempre tienen que ver con «¿Cuáles pechos falsos se ven mejor?» «¿Quién tuvo relaciones sexuales con quién?» «¿Quién es el papá de mi bebé?» Si nuestras únicas opciones fueran ver estos programas o el aburrimiento absoluto, sin duda que elegiríamos aburrirnos. Seguro que puedes encontrar mejores cosas que hacer con tu tiempo que ver programas como estos.
- *Elige no leer novelas románticas eróticas.* Consideramos que son pornografía para mujeres. Las situaciones sexuales gráficas entran por la mente y estimulan nuestras emociones, lo que puede ser incluso más atrayente para las mujeres que las imágenes visuales. En general, exaltan la relación sexual fuera del matrimonio y pueden excitarte sexualmente con facilidad. También pueden prepararte para una desilusión en futuras relaciones románticas e incluso más adelante en el matrimonio, pues las novelas románticas no reflejan relaciones de la vida real. Si tu idea de la pareja o de la relación perfecta se forma leyendo novelas románticas, te preparas para una desilusión en el camino.
- *No veas MTV.* Considera que setenta y cinco por ciento de los vídeos que pasan en MTV que cuentan una historia incluyen imágenes sexuales, alrededor de cincuenta por

ciento incluyen violencia y ochenta por ciento combinan las dos cosas, sugiriendo violencia contra las mujeres[1]. Creemos que esta es razón suficiente para evitar MTV de plano, y por cierto, no queremos alimentar nuestra mente con ese tipo de basura y permitir que infecte nuestra vida. Una gran alternativa sería buscar algún buen canal de vídeos de música cristiana. Ya pasaron los días en los que la música cristiana palidecía frente a los sonidos de avanzada de la música contemporánea. En la actualidad, la música cristiana compite con facilidad con cualquier grupo de rock, country, heavy metal o alternativa que esté dando vuelta. Estos canales de vídeos pueden ser iguales de entretenidos que cualquier cosa en el mercado, y a menudo más aun.

- *Evita mirar cualquier forma de pornografía, ya sea impresa, en películas o por Internet.* La pornografía es cualquier cosa visual o auditiva que busca provocar sexualmente o que representa la actividad sexual de una manera gráfica. Las revistas, las películas, los sitios Web, e incluso las líneas telefónicas directas, quizá sean pornográficas.

El Salmo 101:3 dice: «No me pondré como meta nada en que haya perversidad». Ver estas imágenes solo crea una batalla en tu cerebro, una que tendrás que pelear toda tu vida. Una vez que te cases, es probable que tengas que desconectarte de las imágenes mentales que almacenaste en tu memoria a fin de conectarte por completo con tu esposo. No quieres que tus deseos sexuales se despierten antes del matrimonio, ¿verdad? No quieres que tu futura atención sexual se distraiga de tu esposo debido a los recuerdos de parejas en escenas pornográficas, ¿cierto? Entonces, en lugar de permitir que la pornografía te controle, controla tu deseo de alimentar la carne con estas imágenes.

Divulga el secreto

Cuando te niegas a mirar, leer o escuchar estas formas de medios de comunicación saturados de sexo, tu habilidad para resistir la tentación se fortalece. Permite que solo mensajes saludables entren a tu mente: mensajes que te equiparán para llevar una vida satisfactoria de verdad, que honra a Dios y que deseas vivir.

Es triste que muchas de tus compañeras no conozcan este secreto para vivir una vida satisfactoria y saludable de verdad. La doctora Ann Kearney-Cooke dice:

> La cultura (los vídeos de MTV y los programas de televisión), ayudan a rebajar el éxito de una adolescente a la altura de si logra ser sexy o salir en citas a menudo [...] Hay un estatus para la chica de la escuela secundaria que sea la primera en comenzar a salir con chicos. Las adolescentes se dan un festín con las imágenes de los medios de comunicación mientras tienen sed de amor y atención de los padres. Una de las formas en que aprendemos sobre las relaciones es estando en ellas y viendo cómo funcionan. Hoy en día, los chicos llegan de la escuela y es probable que los padres o uno de los padres no esté en la casa. Miran MTV, programas de entrevistas y navegan por Internet, y allí es en donde aprenden acerca de las relaciones[2].

Queremos desafiarte a que les cuentes a tus amigas el secreto de cuidar tu mente y ganar la batalla mental. Alienta a tus amigas para que vean el mundo real y la Palabra de Dios a fin de aprender a tener relaciones maravillosas en lugar de mirar a los medios de comunicación. Invítalas a tu iglesia, en donde puedan conocer gente que esté felizmente casada y viviendo la vida satisfactoria que todos queremos vivir.

Sé el tipo de jovencita que da excelentes ejemplos en tus propias amistades y relaciones de noviazgo. Entonces lograrás tres grandes metas: cuidarte a ti misma, cuidar a otros y glorificar a Dios.

Con respecto a la vida que antes llevaban, se les enseñó que debían quitarse el ropaje de la vieja naturaleza, la cual está corrompida por los deseos engañosos; ser renovados en la actitud de su mente; y ponerse el ropaje de la nueva naturaleza, creada a imagen de Dios, en verdadera justicia y santidad.

Efesios 4:22-24

14

Domina los medios de comunicación

Por lo tanto, hermanos, tomando en cuenta la misericordia de Dios, les ruego que cada uno de ustedes, en adoración espiritual, ofrezca su cuerpo como sacrificio vivo, santo y agradable a Dios. No se amolden al mundo actual, sino sean transformados mediante la renovación de su mente. Así podrán comprobar cuál es la voluntad de Dios, buena, agradable y perfecta.

ROMANOS 12:1-2

¿Alguna vez escuchaste acerca del experimento con la rana y el agua caliente? El experimento es así: Colocas una rana en una olla de agua caliente y de inmediato salta hacia fuera porque reconoce que no es un lugar seguro para estar. Luego colocas a la misma rana en una olla a temperatura ambiente y pones a hervir poco a poco la olla. ¿Qué sucede? La rana se transforma en el plato fuerte para la cena porque su cuerpo se acostumbra en forma gradual a la temperatura del ambiente. La rana se *insensibiliza de forma gradual* al peligro (no puede sentirlo).

Nosotros también nos podemos insensibilizar de forma gradual al peligro, no al peligro del agua hirviendo, sino al peligro de hacer concesiones con nuestra pureza a través de los medios de comunicación. Como sociedad, nos hemos insensibilizado tanto a los mensajes sexuales que a menudo nos desatornillamos la cabeza, la ponemos debajo de un sillón reclinable de última tecnología y le permitimos a la televisión y a otros medios de comunicación que nos llenen la mente con guiones mundanos.

Una vez grabé dos horas de programas de televisión de mayor audiencia y edité la cinta para que quedara un fragmento de doce minutos solo con insinuaciones* sexuales rodeadas de argumento suficiente como para que fuera entretenido verlas. Cuando le muestro el fragmento de cinta a los adolescentes, los desafío a que cuenten todos los mensajes sexuales que ven o escuchan durante esos doce minutos.

¿Adivina qué sucede siempre? La audiencia capta las primeras tres o cuatro insinuaciones, pero luego se quedan tan absortos con las escenas graciosas que dejan de contar. La mayoría de la gente en la audiencia cuenta diez u once insinuaciones sexuales. ¿Sabes cuál es el verdadero número? Cuarenta y una. Incluso los adultos en la habitación casi nunca reconocen más de cincuenta por ciento de estos mensajes sexuales.

En el capítulo anterior hablamos sobre algunas formas de medios de comunicación que habría que evitar de plano: telenovelas, programas de entrevistas de mala calidad, novelas románticas, MTV y todas las formas de pornografía. Sin embargo, ¿qué pasa con los otros tipos de medios de comunicación? Todos los días nos bombardean con mensajes, a veces buenos, a veces no tan buenos. En este capítulo te alentamos a que evalúes los mensajes sutiles que promueven los medios de comunicación, ya sea mediante la televisión, la música, las películas, las revistas o algo por Internet, a fin de que logres ser sabia en cuanto a lo que dejas que entre en tu mente.

Primero, echémosle un vistazo a algunos mensajes que promueven la televisión, las revistas y la industria de la música.

Mensajes de la televisión

Hace poco estuvimos pasando canales para ver qué hay en la televisión hoy en día. Esto es lo que encontramos:

---

* *insinuaciones*: comentarios con indirectas o sugerencias sexuales ocultas.

- En un episodio de *Friends,* Rachel (Jennifer Aniston) le recuerda a la artista invitada Winona Ryder cómo solían besarse cuando eran más jóvenes y la besa con pasión una vez más. Con curiosidad por ver si era la gran cosa, Phoebe (Lisa Kudrow) le roba de forma espontánea un beso a Rachel, pero declara: «¡Bah! ¡Me han dado mejores!».
- En uno de los primeros episodios de la comedia *I'm with Her,* Patrick, un maestro, comienza a salir con la glamorosa estrella de cine Alex Young. El tema del programa es que Alex está celosa de la ex amante de Patrick, pero el chiste a lo largo del programa se trata de cómo todos (incluso Patrick y Alex) esperan que la tercera cita sea «la noche especial» en donde prenda «la vela sexual» y en donde «dejen de hablar».
- En *It's All Relative,* una pareja comprometida discute porque a ella no le gustan las botas de él y a él no le gusta el camisón de ella. «¡Pensé que te gustaba mi camisoncito de conejita!», dice ella, y él responde: «Solo te dije eso porque quería meterme en tu huerto de zanahorias». Para desquitarse, él se va a dormir con las botas puestas y su prometida insiste: «Si usas esas botas, ¡hoy no hay botín para ti!».

Además de promover el sexo prematrimonial, muchos programas también representan una imagen poco realista del trabajo que requieren las relaciones. Esto es cierto en particular en el caso de programas como *The Bachelorette.* Trista conoce a Ryan y unas semanas después él se arrodilla con un anillo de diamantes en una mano para proponerle matrimonio en medio de cientos de velas encendidas y fragantes pétalos de rosas. Se le llama *reality television*[1], pero todo lo arreglan los productores de televisión, lo paga la cadena televisiva y se pone en escena para entretener al público. Bueno, hubo algo de realidad en la televisión durante esos programas: los comerciales para los medicamentos que tratan los herpes, una de las muchas enfermedades de trasmisión sexual, de lo cual hablaremos más en el capítulo 19.

Los programas de televisión pueden tenderte una trampa para que fracases cuando se trata de cuidar tu mente, tu corazón y tu cuerpo del compromiso sexual. Las revistas son otra forma de los medios de comunicación que pueden tenderte una trampa para que fracases.

MENSAJES DE LAS REVISTAS PARA ADOLESCENTES

Para nombrar algunas, *CosmoGirl!* y *Seventeen* susurran mensajes a tu oído sobre cómo ser sexy e independiente. Página tras página de estas revistas ofrecen una gran variedad de consejos para hacer de la chica mala.

Por ejemplo, aquí tienes algunos de los artículos del número de noviembre de 2003 de la revista *Teen People*:

- «Lista para más: Mandy Moore nos cuenta sobre su chico, sus pechos y su deseo de ser una superestrella».
- «Sexy de la A hasta la Z: La primicia chispeante sobre todas las cosas, en fin, atractivas».
- «Diarios de una cita: Intentaste darle rienda suelta a la zorra interior, pero hay que arreglar los movimientos de tu imán para chicos».
- «Prueba: ¿Cuán atractiva eres? Descubre si estás encendida o si necesitas fuego».
- «Especial: Encuesta de sexo de *Teen People:* Lo que en verdad haces cuando hay poca luz, y por qué»[2].

Es lamentable que muchas chicas busquen en estas revistas mucho más consejo para la vida, la moda y las relaciones que lo que buscan en la Biblia. Por eso nos encantó ver *Revolve*, un Nuevo Testamento en formato satinado y del estilo de revista para chicas adolescentes, completo con artículos, cuestionarios y columnas de orientación. Estos son algunos de los títulos de *Revolve*:

- «¿Sales con un chico temeroso de Dios?»
- «Secretos de belleza que nunca antes escuchaste»
- «Más de cien maneras de aplicar tu fe»
- «Los chicos hablan de un montón de asuntos importantes»[3]

A nuestras hijas y a sus amigas les encanta y disfrutan leer *Revolve,* no solo en sus tiempos de ocio, sino también cuando viajan y mientras pasan el tiempo en sus habitaciones.

Además de la televisión y las revistas, la música también tiene un impacto profundo en los valores sexuales de las jóvenes.

MENSAJES DE LA INDUSTRIA DE LA MÚSICA

Hace algunos años me encontré con una chica de dieciséis años a pedido de su madre. Mi conversación con Melinda incluyó el tipo de música que escuchaba, la ropa que se ponía y las peleas más comunes que tenía con su mamá. Melinda decía que su batalla mayor era lograr que su mamá le diera dinero para comprarse ropa que le gustaba en lugar de malgastar su dinero en ropa que nunca iba a usar. «Sencillamente me gusta vestirme en forma atractiva. Eso no me hace una prostituta ni nada parecido», razonó.

Cuando le pregunté qué la motivaba a querer vestirse de esa manera, Melinda me contó sobre su fascinación por la música de Madonna y me dijo que la ropa de Madonna estaba «buenísima». En el tocador de Melinda había un ejemplar de la revista *People* con la cara de Madonna enmarcada en fotos junto a muchas celebridades como Sean Penn, Dennis Rodman y Michael Jackson. El titular decía: «Los hombres de Madonna: A quién amó, a quién asustó, a quién llamó treinta veces en una hora».

Como sentí curiosidad por esta estrella de rock que ha influido en las jóvenes desde mi adolescencia, fui al artículo titulado «Mujer enamorada» y leí que a Madonna le resulta fácil encontrar chicos para usar de juguete y que a menudo usa a los hombres como compañeros de adorno. A pesar de sus muchas aventuras amorosas (algunas con hombres casados o amantes lesbianas) y dos abortos porque «no era un buen momento para tener un bebé», el artículo decía que Madonna es un modelo a seguir para muchas mujeres.

> Al investigar su nueva biografía llamada *Madonna* en Manhattan el invierno pasado, Andrew Morton se encontró con una fanática cuyos sentimientos por el ícono del pop de cuarenta y tres años iban más allá de la adoración por una estrella. [Morton recuerda:] «Me dijo: "Siempre que tengo un problema pienso: *¿Qué haría Madonna?*"»[4].

¿Puedes imaginarte las pulseras y los llaveros? ¿QHM? *¿Qué Haría Madonna?* ¡*Esto* sí que asusta! Para hacer honor a *People*, el siguiente párrafo decía:

> Según el libro de Morton [...] las fanáticas deberían pensarlo dos veces antes de seguir su ejemplo, al menos cuando se trata de amor [...] [Morton] representa [a Madonna] como una manipuladora insegura tan desesperada por afecto que ahuyentó a algunos novios, engañó a dos de ellos y casi siempre tomó decisiones tontas[5].

Por favor, entiende que no queremos arrojarle una piedra a Madonna ni a Melinda. Si alguien escribiera una biografía sobre todas nuestras decisiones tontas, tampoco sería una linda imagen. Nuestra oración es que Madonna y Melinda descubran al Dios capaz de satisfacer su sed de amor genuino porque no se puede encontrar en múltiples aventuras amorosas, un guardarropa de última moda, canciones que sean las primeras en las listas de éxitos, fama mundial ni vastas fortunas.

La misma revista *People* muestra a Britney Spears despatarrada a lo largo de un colchón, con vaqueros de tiro bajo, un sostén deportivo de cuero blanco, un aro en el ombligo y suficiente cantidad de rímel como para pavimentar un estacionamiento pequeño. Ex miembro del Club de Mickey Mouse, Britney se transformó enseguida en una de las estrellas jóvenes más populares, y su cara pasó a decorar desde camisetas, cuadernos y hasta cajas de almuerzo. Sin embargo, como señala el escritor Chuck Arnold, Mickey Mouse debe estar cubriéndose las orejas del horror cuando Britney canta canciones como «I'm a Slave 4 U», «Lonely», «Boys», «Anticipating» y «Bombastic Love»[6].

A pesar de lo escandalosa que sea esta foto erótica de Britney, es incluso más escandalosa la cruz de plata que le cuelga del cuello en esa foto. Aunque Britney tendría que poder manifestar lo que sea que crea acerca de Jesús, las jóvenes fanáticas cristianas que ven una cruz alrededor de su cuello pueden suponer que su comportamiento es bueno para una creyente. No es así.

Es lamentable, pero la industria de la música exalta a las estrellas femeninas del pop que tienen lo que consideran que es la apariencia adecuada, los movimientos adecuados y el guardarropa adecuado. Muchas de estas mujeres dan un mal ejemplo de los conceptos bíblicos de modestia, el decoro sexual y el cuidado de tu mente, tu corazón y tu cuerpo. Antes de que hagas un ídolo de cualquier estrella del pop, examina sus canciones y pesa sus palabras con la Palabra de Dios. ¿En verdad quieres que esos mensajes entren a tu mente?

CÓMO DOMINAR LOS MEDIOS DE COMUNICACIÓN

Podríamos hablar sin parar sobre los mensajes sexuales a los que puedes estar expuesta a través de los medios de comunicación, pero ya tienes una idea. Están en todas partes, así que necesitas reconocer cuándo el mundo te bombardea con malos consejos y ejemplos paganos, aprender a esquivarlos y correr a buscar refugio.

Si quieres transformarte en una mujer de integridad sexual y emocional, te recomendamos que sigas los siguientes pasos:

1. Piensa en todos los tipos de medios de comunicación que disfrutas: haz una lista con las revistas, los libros, las películas y los programas de televisión que ves, así como con tus canciones y músicos favoritos. También incluye los sitios Web que frecuentes.

2. Pregúntate lo siguiente sobre cada punto en tu lista.

   - ¿Me sentiría incómoda si mis amigos cristianos, mi pastor o mis padres supieran que soy indulgente en esto? ¿Siento la necesidad de mantenerlo en secreto?
   - ¿Exalta esto ideas, valores o situaciones que se oponen a mis creencias cristianas?
   - ¿Este libro, programa, canción, película o sitio Web me deja con una sensación de depresión o insatisfacción conmigo misma o con un deseo de tener relaciones no saludables?

Si respondes sí a algunas de estas preguntas, puede ser una advertencia de que andas por un camino insensato.

3. Por último, ora a Dios al respecto y haz algunas preguntas del tipo QHJ:

   - ¿Qué haría Jesús?
   - ¿Qué vería Jesús en su tiempo libre?
   - ¿Qué escucharía Jesús?
   - ¿Qué leería Jesús en su tiempo libre?

Otra vez, una de las principales formas de cuidar tus pensamientos es limitando el acceso de fantasías inadecuadas e imágenes de mala conducta sexual a tu mente. Controla de cerca lo que lees, lo que ves y lo que escuchas con regularidad. Al principio quizá te parezca difícil, pero a la larga lo harás con total naturalidad.

CÓMO BUSCAR REFUGIO

La siguiente lista es de convicciones personales que tengo sobre lo que miro y escucho, junto con explicaciones por las que tomé estas decisiones. Estas convicciones me ayudan a buscar refugio en un mundo caótico y de concesiones, y me dan libertad para disfrutar de la vida sin tener que someterme a tentaciones que quizá resulten abrumadoras. Espero que te estimulen a pensar en formas de cuidar tu mente contra la tentación.

- *Evito los programas de televisión con sugerencias sexuales.* Estos programas pueden darte unas cuantas risas picantes, pero los mensajes y los temas no me benefician de ninguna manera y me hacen perder el tiempo. Las Escrituras prohíben las situaciones gráficas que aparecen en estos programas, ya que en general involucran la relación sexual prematrimonial (véase Mateo 6:22-23). Si hay un programa de televisión que me eleve el espíritu y que sea sano, me siento y lo miro. Entonces, una vez que se termina, también se termina la hora de ver televisión. Me levanto y me voy a hacer algo más productivo y útil. Prefiero pasar esas horas de horario estelar ocupándome de mis principales relaciones: pasando tiempo con mi familia y mis amigos.

- *No escucho música que evoque ansias sexuales no saludables o que hable de personas degradándolas en lo sexual.* Este era el tipo de canciones que escuchaba mientras crecía y estoy segura de que tuvieron un gran impacto en mis malas decisiones sexuales. Es más, me acuerdo de canciones de estilo pop, rock y country con sugerencias sexuales de los años ochenta que me formaron como persona (y no en una buena manera). Ahora lo último que quiero hacer es escuchar canciones que estimulen mis anhelos sexuales. Solo escucho música que no ofenda mis valores sexuales cristianos.

- *También soy muy selectiva en cuanto a las revistas femeninas que leo.* Muchos de los mensajes que aparecen en ellas no me ayudan. Cuando leo páginas y páginas con consejos para ser más delgada y parecerme a las modelos delgadas en ropa interior, puedo sentirme insatisfecha y descontenta con mi propio cuerpo. Luego de mirar todos los abdómenes firmes desparramados por la revista, puedo desalentarme solo con mirarme en el espejo. No obstante, cuando evito compararme con modelos y apreciar el cuerpo fuerte y saludable que Dios me dio, me siento mucho mejor.

Recuerda, si llenas tu mente con imágenes de comentarios y situaciones comprometedoras en lo sexual, te insensibilizarás a situaciones similares en tu propia vida. Si cuidas tu mente de estas imágenes, también cuidarás tu corazón y tu vida.

El desafío de los treinta días

Aquí tienes un desafío: Apaga el televisor y resiste todos los mensajes sexuales mundanos a través de las películas, las revistas, la música, Internet y demás durante treinta días. Está bien mirar las noticias o algo que sepas que es bien limpio, pero si hay alguna duda en tu mente sobre si algo es adecuado o no, resístelo de plano durante treinta días. Cuando lo hagas, le darás un descanso a tu mente del bombardeo constante de mensajes sexuales de los medios de comunicación. Si los resistes por completo, volverás a «sensibilizarte» a ellos y serás capaz de reconocerlos mejor cuando los medios de comunicación quieran alimentarte con basura.

Muchas de las que aceptaron el desafío informaron: «Ya *no puedo* mirar la mayoría de los programas de televisión ni escuchar música ofensiva. ¡Me enfurece ver cómo insultan mi inteligencia y me degradan sexualmente!». Luego alientan a sus amigas a que acepten el mismo desafío.

¿Aceptarás el desafío? Usa esos treinta días para disfrutar solo de medios de comunicación y entretenimiento que apoyen los valores cristianos. Ora y pídele a Dios que te ayude a ver y a escuchar las cosas como lo hace Él. Entonces, ¡dominarás en verdad el mundo de los medios de comunicación!

Al ejercer cuidado, usar la sabiduría y aprender a dominar los medios de comunicación y sus influencias en tu vida, tu mente se librará de los mensajes negativos y degradantes que pueden debilitar tu carácter y poner en peligro tu habilidad para ganar la batalla de integridad sexual y emocional. Descubrirás que filtrar los mensajes sexuales no saludables de tu vida es un pequeño precio que pagar por recompensas tan inmensas y ricas.

«Yo, el SEÑOR, sondeo el corazón y examino los pensamientos, para darle a cada uno según sus acciones y según el fruto de sus obras».

Jeremías 17:10

QUINTA PARTE

Protege tu corazón

15

Gana la batalla emocional

Por sobre todas las cosas cuida tu corazón, porque de él mana la vida.

PROVERBIOS 4:23

Cuando escuchamos que la gente dice: «¡Las chicas no luchan con cuestiones sexuales como los chicos!», no podemos evitar preguntarnos de qué planeta son o si han estado escondidos debajo de alguna piedra. Por cada jovencito que cae en pecado sexual, ¿no hay en general una joven que cae con él? Quizá lo que quiere decir esta gente es: «Las jóvenes no luchan con el aspecto *físico* de la sexualidad como lo hace un joven».

Recuerda, los chicos y las chicas luchan en formas diferentes cuando se trata de su sexualidad. Los chicos tienen que cuidar sus ojos para mantener su integridad sexual, pero como Dios te hizo para que te estimules de forma emocional, tienes que cuidar de cerca tu corazón. Tu batalla es de integridad sexual *y* emocional porque si no cuidas tu corazón, tu cuerpo estará mucho más vulnerable a las tentaciones físicas.

Debido a que eres una mujer, es natural que tu corazón anhele la atención y el afecto del sexo opuesto. (Si tu corazón anhela el afecto de otras mujeres, por favor, lee el epílogo). Sin embargo, solo porque te sientas atraída a alguien no significa que esa persona sea un buen partido para ti, sin importar lo bien que te hagan sentir su atención y su afecto.

EN BUSCA DEL AMOR

Todos anhelan sentirse amados y no hay nada pecaminoso en este deseo. El problema está en dónde buscamos el amor. Si no recibes el amor que necesitas de lugares adecuados, como de tu familia o de amistades saludables, es posible que sigas buscándolo con un abandono imprudente. No obstante, Dios tiene una manera mejor. No tienes que poner tu corazón y tu cuerpo en peligro solo porque quieres que te amen. Puedes buscar relaciones amorosas, saludables *y* cuidar tu corazón de las concesiones al mismo tiempo. En este capítulo, y en los tres que le siguen, descubrirás:

- lo que Dios dice sobre el corazón y por qué necesitas cuidarlo;
- cómo controlar tus emociones en las relaciones saludables;
- cómo identificar cuándo estás a punto de caer en una relación inadecuada y qué hacer al respecto; y
- dónde descubrir el amor que anhela tu corazón.

VAYAMOS A LA CLAVE DEL ASUNTO

Dios nos dice que cuidemos nuestro corazón antes que cualquier otra cosa: antes que nuestra vida, nuestra fe, nuestras relaciones, nuestras carteras, nuestros sueños o cualquier otra cosa que nos resulte querida. Como dice el pasaje al principio de este capítulo: «Por sobre todas las cosas cuida tu corazón, porque de él mana la vida» (Proverbios 4:23).

¿Por qué es importante para Dios?

La respuesta se encuentra en la palabra *manar*, que también se puede interpretar como «nacimiento». El corazón es el manantial de la vida. Cuando Dios nos creó, hizo que nuestro corazón fuera una parte central en nuestro ser: en lo físico, en lo espiritual y en lo emocional. En el aspecto físico, el corazón se encuentra en el centro del sistema circulatorio. Bombea sangre oxigenada por todo el cuerpo. Si hay problemas dentro del corazón, todo el cuerpo corre el peligro de perder el torrente sanguíneo dador de vida. En lo espiritual, el corazón es el lugar en el que mora el Espíritu Santo cuando lo invitamos a venir a nuestra vida (véase Efesios 3:16-17). En lo emocional, el corazón salta de gozo cuando encontramos deleite en algo o en alguien. También se duele cuando experimentamos una desilusión o una pérdida. El corazón es el centro de todo lo que somos y de todo lo que experimentamos en la vida, por lo tanto, cuando Dios dice que lo cuidemos por sobre todas las cosas, nos dice: «Protege el manantial de tu vida: el físico, el espiritual y el emocional de tu bienestar».

Así como un lago no será puro si su manantial no es puro, tampoco tus palabras, tus pensamientos y tus acciones serán puros si no lo es tu corazón. Eugene Peterson lo expresa en términos fáciles de entender en *The Message*, que es una paráfrasis de la Biblia:

> Ustedes conocen el siguiente mandamiento muy bien: «No se acuesten con el cónyuge ajeno». Pero no crean que preservan su virtud sencillamente por mantenerse alejados de la cama. Su corazón se puede corromper por la lujuria aun con mayor rapidez que su cuerpo. Esas miradas lascivas [o pensamientos] que te parece que nadie advierte, también son corruptas. (Mateo 5:27-28)[1]

Si quieres ser una joven de integridad sexual y emocional, sé sabia en cuanto a la dirección en que permites que vaya tu corazón. Una cosa es determinar cuándo llegamos demasiado lejos en lo físico en una relación prematrimonial, pero otra cosa es responder: «¿Cuándo llegamos demasiado lejos en lo *emocional*?». Para ayudarte a entender dónde están los límites emocionales en lo que se refiere a las relaciones con el sexo opuesto, observa la Figura 15.1.

Este modelo te ayudará a identificar los seis niveles de conexión emocional: (1) atención, (2) atracción, (3) afecto, (4) apego, (5) aventuras y (6) adicciones. (Tendrás que referirte a este gráfico cuando analicemos cada nivel). Aunque Dios desea que disfrutemos relaciones con el sexo opuesto, nos advierte que no le demos el corazón a alguien «prohibido» o que debilite nuestra integridad sexual y emocional. Este modelo puede ayudarte a reconocer dónde tienes que trazar la línea emocional a fin de que logres evitar hacer concesiones. Una vez que aprendes a identificar los diferentes niveles de conexión emocional, puedes saber con confianza a dónde se puede ir (representado por el nivel de luz verde), cuándo avanzar con gran cuidado (el nivel de luz amarilla) y cuándo debes detenerte y salir corriendo en dirección opuesta (el nivel de luz roja).

Te alentamos a que memorices estos niveles. Antes de que leas los próximos tres capítulos, ora y pídele a Dios que te ayude a entender estos niveles con claridad y cómo pueden ayudarte a cuidar tu corazón. Léelos como si estudiaras para el principal examen de tu vida. El hecho de que entiendas, adoptes y pongas en práctica esta información puede determinar si pasas o fallas las pruebas emocionales que experimentarás en relaciones futuras.

Bendeciré al SEÑOR, que me aconseja; aun de noche me reprende mi conciencia. Siempre tengo presente al SEÑOR; con él a mi derecha, nada me hará caer. Por eso mi corazón se alegra, y se regocijan mis entrañas; todo mi ser se llena de confianza.

Salmo 16:7-9

Figura 15.1: Niveles de conexión emocional

¡Puedes avanzar!

[Hija mía], atiende a mis consejos; escucha atentamente lo que digo. No pierdas de vista mis palabras; guárdalas muy dentro de tu corazón. Ellas dan vida a quienes las hallan; son la salud del cuerpo.

PROVERBIOS 4:20-22

Todos hemos tenido uno de esos momentos en los que alguien capta nuestra mirada por alguna razón. Quizá veas a un guitarrista precioso en una banda, o a lo mejor el hermano mayor de tu mejor amiga es un bombón. Es posible que el chico de las bolsas que te lleva las compras al auto tiene una sonrisa deslumbrante y te preguntas si hubo un doble sentido en su comentario de despedida: «Que tengas un buen día. ¡Vuelve a visitarnos!».

¿Tienes que preocuparte si te das cuenta de que un chico es atractivo a los ojos? ¿Cruzaste la línea hacia la concesión? ¿No cuidas tu corazón solo porque alguien te parece atractivo? De ninguna manera. No hiciste nada que vaya en contra de las Escrituras ni que rompa ningún voto y cualquier culpa que sientas es falsa. Puedes estar tranquila de que tus ojos funcionan muy bien y solo debes agradecer a Dios por hacer obras de arte tan magníficas.

Queremos que seas libre de toda falsa culpa que puedas sentir solo porque un chico atraiga tu mirada, así que en este capítulo hablaremos de los niveles de luz verde de conexión emocional, comenzando por la atención.

CUANDO OBTIENE TU ATENCIÓN

Sara estaba en el último año de la universidad cuando vio a un hombre increíblemente atractivo que entraba a la biblioteca del campus. Con total naturalidad, le dijo a una amiga: «¡Vaya! ¡Estoy mirando a mi futuro esposo!», a lo cual le respondió una mujer mayor que estaba cerca: «Lo siento, querida, ¡pero ese es *mi* esposo!». De más está decir que Sara se puso roja como un tomate de la vergüenza, pero no tenía por qué sentirse culpable.

Cuando te fijas en un chico atractivo, obtiene tu atención. Esto es perfectamente saludable, normal y adecuado, incluso cuando es alguien con el que no tienes por qué salir ni acercártele. Mientras tu nivel de conexión emocional no pase al nivel de luz amarilla o roja, no tienes en lo absoluto ninguna razón para sentirte culpable.

Muchas jóvenes nos preguntan: «¿Alguna vez llegará el día en que no me fije en los chicos guapos más de lo que me fijo en el resto de la gente?». Aunque es probable que con el tiempo y la madurez no estés tan pendiente del sexo opuesto, nunca dejarás de estarlo por completo. Recuerda, el deseo de amor, atención, afecto y conexión relacional es parte de la condición humana. No cambia porque te gradúes del instituto, porque te pongas una alianza matrimonial en el dedo, porque tengas hijos o porque envejezcas y te salgan arrugas y el cabello gris. El día que dejes de desear esas cosas será el día en que mueras. En ese día te graduarás del campo de batalla para pasar a la mesa del banquete. Allí tendrás un festín en compañía de Jesús en el que al final tu «alma quedará satisfecha como de un suculento banquete» (Salmo 63:5).

Antes de pasar al siguiente nivel, queremos disipar un mito común sobre el nivel de atención.

¿SERÁ AMOR?

Quizá tu mirada se cruzó con la de un chico y te preguntaste: *¿Podrá ser amor a primera vista?* No, no lo es.

El amor a primera vista no existe, solo existe la atención a primera vista. El amor no es un sentimiento excitante, es un compromiso serio que haces luego de conocer a una persona durante un período extendido en donde inviertes tiempo y energía. Aunque tal vez haya captado tu atención, todavía no ha captado tu corazón. Eso solo se puede lograr con el tiempo y con tu permiso.

La atención se basa en lo que *ves*, y aunque puedes ver a lo que consideras que es un magnífico espécimen masculino, eso no garantiza que en realidad esa persona te vaya a atraer. La atención progresa solo como resultado de muchas conversaciones cuando conoces a la persona con más profundidad.

Te daremos un ejemplo para probar nuestro punto. Quizá notaste a un chico guapo y luego lo escuchaste abrir la boca y gritarle a su hermana o alardear sobre su auto o quejarse de alguien o algo en una manera horrible. ¿Te atrajo? Es muy difícil. A pesar de lo hermoso que quizá fuera, es probable que te hiciera perder el interés. Obtuvo tu atención, pero no sentiste atracción. Por otro lado, podrías conocer a un chico de apariencia común y corriente y prestarle poca atención, pero luego sentirte atraída cuando lo conoces. Esto se debe a que como mujer, te estimula más lo que escuchas que lo que ves.

Ahora vayamos al segundo nivel de conexión emocional: la atracción. (Por favor, observa la Figura 15.1 en la página 169).

CUANDO LA ATENCIÓN SE TRANSFORMA EN ATRACCIÓN

La atención se transforma en atracción cuando llegas a conocer a un chico lo suficiente como para descubrir que te gusta de verdad. Repito, no hay nada de pecaminoso en sentirte atraída hacia él. Sin embargo, la atracción no necesariamente te da luz verde para salir con él ni acercártele.

A pesar de los mensajes que recibes de los medios de comunicación, que te atraiga alguien no significa que tengas que hacer algo con esa atracción. Si te atrae un amigo varón en particular, no supongas que vas a terminar toqueteándote con él algún día y entonces intentes llevar al plano sexual la relación. *No* eres impotente en cuanto a tus emociones. No estás «destinada» a estar a su lado ni a tener relaciones sexuales con él, como si no pudieras hacer nada para detenerlo. Es más, si quieres, puedes pasarlo por alto de plano, ya sea que lo hagas porque exista una gran diferencia de edad, porque no comparta tus intereses y valores o porque algo suyo hace que la relación sea prohibida. (Hablamos más sobre las relaciones prohibidas en el capítulo 18). Puedes sentirte atraída hacia él *y* seguir cuidando tu corazón y tu cuerpo de la concesión sexual no actuando basada en esa atracción de formas inadecuadas.

Aunque no es difícil entender por qué algunas personas obtienen nuestra atención y otras no, quizá sea más difícil entender por qué algunas nos atraen y otras no. Las razones varían de persona a persona y en general se basan en las experiencias que tuvimos al crecer.

Por ejemplo, una vez sentí una gran atracción hacia un amigo de la familia. No entendía el porqué hasta que me enteré de la terapia de Imago, que te enseña que ciertas personas «encajan en tu molde» y el molde de cada persona es diferente. Por eso es probable que hayas escuchado a alguna amiga llenarse la boca hablando de su nuevo novio, pero después que lo conoces pensaste: *¿Qué rayos le ve?* Encaja en su molde; no encaja en el tuyo.

Cuando comencé a entender más sobre mi propio molde en particular, me di cuenta de que este amigo de la familia se parecía mucho a mi hermano mayor y actuaba en una manera muy similar a mi padre. Por supuesto que me parecía muy atractivo; encajaba en mi molde. ¿Pero crees que entré en pánico pensando que iba a caer en una aventura emocional o sexual con él porque me parecía tan atractivo? Hace muchos años, por ignorancia, quizá lo hubiera hecho, pero aprendí que tanto la atención como la atracción son parte de ser humanos. Solo tuve cuidado y cuidé mi comportamiento cerca de este hombre revisando las motivaciones que tenía al hablar con él. Al darme cuenta de que en realidad extrañaba a mi hermano y a mi padre, también traté de invertir más tiempo en una mejor relación con ellos.

Un propósito superior

Dios nos dio estos niveles de luz verde de conexión emocional: atención y atracción, como regalos para disfrutar. Nos regaló la vista para reconocer la belleza de su creación, incluyendo la del sexo opuesto. Nos dio oídos, una boca y un cerebro capaz de procesar información sobre otras personas y que nos ayuda a comunicarnos y a conectarnos con los demás. Dios quiere que nos apreciemos y atraigamos los unos a los otros en amor cristiano.

Sin embargo, Dios también tenía un propósito superior para poner estas ansias de atención y atracción dentro de nuestros corazones. Quiere que volvamos nuestras cabezas y nuestros corazones hacia Él. Cuando miremos a nuestro Señor e invirtamos tiempo en conocer a nuestro maravilloso Creador, Él se nos revelará como nuestro espléndido Amante, nos atraerá hacia una conexión emocional más profunda con Él y despertará un anhelo de que su espléndido amor llene nuestros corazones hasta desbordar. Una vez que experimentamos a Jesús de esta manera, toda la otra gente y las otras relaciones pronto palidecen en comparación.

> *Tu amor, SEÑOR, llega hasta los cielos; tu fidelidad alcanza las nubes. Tu justicia es como las altas montañas; tus juicios, como el gran océano [...] ¡cuán precioso, oh Dios, es tu gran amor! Todo ser humano halla refugio a la sombra de tus alas. Se sacian de la abundancia de tu casa; les das a beber de tu río de deleites.*
>
> *Salmo 36:5-8*

17

Avanza con cuidado

Por lo tanto, si alguien piensa que está firme, tenga cuidado de no caer.

1 CORINTIOS 10:12

¿Sabías que una de las metas de este libro es enseñarte a hacer el amor con la ropa puesta? ¿Te sorprende? ¿Te da vergüenza? ¿Te hacer reír con nerviosismo? Es probable que te preguntes: *¿Lo dices en serio?* Bueno, en este contexto *hacer el amor* no se refiere a tener relaciones sexuales. Puedes aprender maneras saludables de expresar afecto y hacer que alguien especial se sienta amado y querido desde lo más profundo.

Aunque queremos que protejas tu mente, tu corazón y tu cuerpo de las concesiones, también queremos que disfrutes de amistades saludables con los chicos e incluso de relaciones saludables de noviazgo porque pueden ayudarte a prepararte para una vida de compromiso. Con todo, es muy fácil ir muy lejos y muy rápido, por eso necesitas avanzar despacio y con cuidado. Si aprendes a definir si un chico en particular es digno de tu afecto y compromiso y puedes establecerte el paso en el ámbito emocional, no formarás lazos emocionales profundos demasiado rápido ni en forma inadecuada. Nunca te encontrarás pensando: *¿Cómo pude dejar que pase?*

En este capítulo nos concentraremos en el nivel de luz amarilla de conexión emocional, en el que tienes que ejercer mucho cuidado. (Por favor, véase la Figura 15.1 en la página 169). En el primer nivel de luz amarilla, el afecto, tienes que saber cómo expresarle tus sentimientos en forma adecuada a un joven amigo por el que sientes atracción. En el segundo nivel de luz amarilla, el apego, tienes que discernir si este chico es la persona adecuada para darle tu corazón.

Cuando la atracción se transforma en afecto

Una vez que un chico capta tu atención, es muy probable que quieras conocerlo. Una vez que lo conoces, es posible que te atraiga. Y una vez que te atraiga, ¿adivina qué? Es muy probable que quieras expresarle tu afecto en una forma que le confirme que te gusta como más que un simple amigo.

Aunque es natural expresar afecto en la mayoría de las relaciones, tienes que tener cuidado cuando expresas afecto al sexo opuesto. Puede ser difícil saber cuándo y cómo expresarlo. Si te interesa una relación romántica, tienes que parecer dispuesta sin dar la impresión de que estás desesperada y tienes que evitar expresar afecto en cualquier manera que provoque lo sexual.

Así que, ¿cuándo es adecuado expresarle afecto a un chico que te atrae? ¿Cuándo no es adecuado? ¿Cómo reconoces la diferencia? ¿Dónde trazas la línea?

Aunque no podemos proporcionar una lista de lo que se puede y lo que no se puede hacer, podemos sugerir algunas preguntas para que te hagas y controles tu corazón en este asunto. En oración, hazte estas preguntas antes de decidirte a expresarle afecto a un chico que te atraiga:

- ¿Hasta qué punto lo conozco? ¿Tengo la suficiente confianza en su carácter como para expresarle afecto sin tener que arrepentirme luego?
- ¿Cuál es mi motivación para manifestar esta expresión de afecto? ¿Cuál es mi objetivo? ¿Es apropiado?
- Si quiero expresar afecto solo para lograr que me invite a salir, ¿aceptarían mis padres (y los de él) que saliéramos juntos?

- ¿Intento mostrar un genuino aprecio por este chico o tengo algún motivo oculto? ¿Solo busco un cumplido para alimentar mi ego?
- ¿Es soltero? ¿Tiene alguna novia que se preocuparía por la manera en que le expreso mi afecto?
- ¿Esta expresión se puede malinterpretar de tal manera que este chico se confunda, se sienta tentado o sospeche de mis motivaciones?
- ¿Me doy cuenta de que siente algo personal por mí que yo no siento por él? Si es así, ¿mis muestras de afecto le darán la impresión de que estoy interesada en más que una amistad, cuando en realidad no lo estoy?
- ¿Me importa si otra gente (como mi familia, el pastor de jóvenes o amigos cercanos) se enterara de esta expresión de afecto?
- ¿Esta expresión de afecto se interpretaría como seductora, o refleja un carácter temeroso de Dios?

Si le pediste a Dios que te revelara tus motivaciones, respondiste a cada una de las preguntas con sinceridad y todavía no ves ninguna bandera roja, es probable que sea bueno que le expreses afecto a este joven en maneras apropiadas.

No obstante, si alguna de estas preguntas levantó una bandera roja en tu espíritu, considera mantener tus expresiones de afecto para ti hasta que estés cien por cien segura de que actúas con integridad. Continúa siendo amigable, pero no le des ningún trato especial mientras no definas tus motivaciones. Ora al respecto, habla con un amigo cristiano maduro si quieres y sigue examinando tu corazón. Fíjate si desaparecen las banderas rojas mientras lo conoces mejor, o hazle caso a las banderas rojas si sientes una convicción cada vez mayor de que una relación con esta persona no sería prudente.

Siempre y cuando tengas una conciencia limpia en cuanto a expresarle afecto a un chico con el cual te interese salir, ¿cuáles son algunas maneras apropiadas de hacerlo? En su libro *Los cinco lenguajes del amor*, Gary Chapman dice que podemos expresar afecto mediante cinco «lenguajes»: los regalos, los actos de servicio, las palabras de afirmación, el tiempo de calidad y el toque físico. La Figura 17.2 se basa en este modelo. Obsérvala para encontrar formas apropiadas contra formas inapropiadas de expresar afecto hacia un chico que te interesa.

Es probable que se te ocurra una lista mucho más larga. Es más, quizá sea divertido hacerlo y que tus amigas también aporten.

Antes de que se comprometan a formar una pareja

Recuerda, solo porque sientas atracción y afecto por alguien, no significa que tengan que pasar a ser pareja. Una decisión de ese tipo tiene que tomarse con cuidado y cautela. Te recomendamos de manera encarecida que tú y el chico que te interesa pasen el mayor tiempo posible en el nivel del afecto antes de pasar al nivel de apego emocional. (Por favor, vuelve a consultar la Figura 15.1 en la página 169). En el nivel del afecto pasan tiempo juntos, se divierten y se conocen como buenos amigos sin comprometerse a salir juntos de forma exclusiva. Solo exploran las posibilidades de una relación más seria para el futuro, sin lanzarse a ciegas.

Mientras estás en el nivel del afecto, pasas tiempo conociendo a sus amigos y a su familia. Sigue juzgando su carácter para que si llegas a tomar la decisión de formar una pareja exclusiva, sea una decisión que te haga sentir bien.

Como el nivel del afecto todavía es de exploración, recomendamos que salgas con esta persona solo en grupo o en citas dobles, y que te quedes en lugares públicos a fin de evitar las tentaciones que pueden venir al aislarse. Si aceptas la invitación de ir a su casa (o lo invitas a la tuya), que haya un padre o un compañero de habitación en la casa y quédense en los lugares en que haya gente, no a puertas cerradas en una habitación. Si vives en una residencia de estudiantes, encuéntrate con él en las áreas comunes, o al menos mantén la puerta de la habitación entreabierta para evitar incluso la apariencia de un comportamiento cuestionable.

Figura 17.2

	APROPIADO	INAPROPIADO
Regalos	• una foto escolar para la billetera • galletitas caseras • una nota de agradecimiento por haberte ayudado	• una foto atractiva de 20x25 enmarcada • una carta larga y en papel perfumado
Actos de servicio	• avisarle acerca de una tarea que se perdió • ofrecerte a ayudarlo a comprarle el regalo de cumpleaños a su hermana	• ofrecerte a darle un masaje en la espalda luego de un partido de fútbol • ayudarlo a lavar el auto usando tu traje de baño y unos pantalones cortos muy cortos
Palabras de afirmación	• felicitarlo por su carácter • hacerle un cumplido por alguna prenda de ropa (por ejemplo: «Qué linda camisa».)	• hacerle un cumplido por lo bien que se ve su cuerpo en una prenda de ropa (por ejemplo: «Qué bueno te ves con esa camisa».)
Tiempo de calidad	• pasar tiempo juntos en la biblioteca haciendo trabajos de investigación • invitarlo a tu grupo de jóvenes	• pasar todos los viernes o sábados a la noche juntos a solas • aparecer en público como si fueran hermanos siameses (nunca separados)
Toque físico	• darle una palmada en la espalda por una buena nota en un examen • chocarse los cinco en el pasillo	• abrazos de cuerpo entero • sentarte en su regazo • darle una palmada en el muslo cuando te sientas a su lado

Aunque está bien mostrar que disfrutan estar juntos y que se gustan, eviten hacer promesas a largo plazo de las cuales quizá te arrepientas una vez que lo conozcas bien. Así como una luz amarilla puede pasar enseguida a roja, el apego con la persona equivocada puede llevarte con rapidez a un gran naufragio relacional.

A esta altura, con toda sinceridad, el amor a menudo es ciego. Es posible que estés tan enamorada de las cosas maravillosas que ves en él que las cosas malas se desvanecen en un segundo plano. Por eso es importante llegar a conocer bien a un chico antes de que te apegues de forma emocional a él y de que se hagan novios. Identifica tanto las virtudes como las debilidades antes de decidir si es el chico con el que quieres comprometerte a salir de manera exclusiva.

Aunque el apego emocional es natural y adecuado, no es prudente apegarte emocionalmente a chicos una y otra vez, suponiendo que cada uno con el que sales será el Elegido. A fin de entender el porqué, imagínate dos corazones de papel, uno rojo y uno negro. Pon pegamento en los dos y presiónalos juntos, permitiendo que pase el tiempo suficiente como para que se seque el pegamento. Una vez que los corazones se unen, sepáralos. ¿Qué sucede? Quedan fibras negras pegadas al corazón rojo y fibras rojas todavía se aferran al negro. La lección es esta: Cuando te apegas a alguien, siempre tendrás una parte de esa persona contigo, metes esos recuerdos en el baúl de tu bagaje emocional y a la larga los arrastras al matrimonio, en donde te sentirás tentada a comparar a tu esposo con uno de tus novios anteriores o con todos. También recuerda que una vez que entregas algunas partes de tu corazón, nunca más se las puedes dar a nadie, como el primer amor, el primer beso y la primera experiencia sexual.

Sin embargo, ese no es el único peligro de apegarte una y otra vez. Aquí tienes otro ejemplo: Imagínate un gran pedazo de cinta adhesiva transparente de empacar. Es pegajosa y está lista para adherirse a cualquier cosa que toque. Una vez que se pega a una caja de cartón, no sale sin romper la caja y dejar residuo de papel en la cinta. El pedazo de cinta todavía puede llegar a pegar algo más, pero cuanto más la usas para pegar y la sacas de otras cosas, se hace menos pegajosa. A la larga, pierde del todo la capacidad de unir.

Algo parecido puede pasar con nuestros corazones. Cuando nos apegamos de forma emocional una y otra vez a diferentes personas, podemos perder nuestra «pegajosidad» emocional. De modo que si cambias a cada momento de novio por un simple hábito, es posible que pongas en peligro tu habilidad para permanecer comprometida y fiel a una persona toda la vida. Cuando vas de persona en persona y te permites probar el «nuevo gusto del mes» apenas te aburres en una relación, te preparas para que siempre vayas a querer algo nuevo. Entonces cuando encuentres un buen chico y sientes cabeza, tus antiguos patrones para relacionarte pueden volver a tentarte. Apenas se desgaste lo nuevo de tu matrimonio, el anhelo de probar otro gusto puede llegar a ser abrumador.

Pregúntale a Lina, que está casada hace cuatro años:

> Me acuerdo que durante la secundaria y el instituto cambiaba de novios, a veces terminaba con uno, solo para tener un nuevo novio antes de que terminara el día. Una semana estaba con Santiago, la semana siguiente con William, la otra con Cristian, luego volvía con Santiago. En ese momento, no me preocupaba mucho, pero ahora que estoy casada confieso que a menudo anhelo la excitación de una relación nueva, o reavivar la vieja llama de un romance. Me ha costado mucho trabajo no darme por vencida cuando las cosas se ponen difíciles en nuestro matrimonio y cambiarlo por el siguiente chico interesante. El compromiso del matrimonio requiere mucho más trabajo de lo que pensaba mientras iba de novio en novio cada semana.

Así que, ¿cómo puedes aumentar las posibilidades de que los lazos emocionales que compartas con tu esposo algún día sean lo más fuerte posible? Al tener cuidado de no apegarte de forma emocional a un chico hasta que tengas suficiente evidencia como para creer que es un hombre de carácter y un buen partido para ti como compañero potencial.

Aquí tienes algunas pautas prácticas que puedes usar para decidir si es una buena idea que salgas de manera exclusiva con un chico en particular:

- Lo conociste como amigo (es preferible que sea al menos por un año), tienes confianza en su nivel de integridad y te agrada su carácter.
- Los dos tienen una creencia común en Jesucristo como Señor y Salvador.
- No tiene grandes fallas de carácter que quieras cambiar con el tiempo (como abuso de alcohol u otras sustancias, mentiras habituales, adicciones sexuales, etc.).
- Estás cerca de completar tu educación en el instituto. (Es mejor esperar hasta el último año del instituto antes de involucrarte en lo emocional con un chico).
- Tienes una idea de cuál es el llamado de Dios para tu vida y estás segura de que si al final decides que será bueno casarte con esta persona, él mejoraría ese llamado en lugar de dificultarlo.
- Tus planes y metas para la educación universitaria o para tu carrera complementan los de él.
- Tu familia lo aprueba y te apoya en tu apego emocional.
- Invertiste tiempo en conocer a su familia inmediata y te sientes bien con su apoyo a la relación.

Cuando el afecto se transforma en apego

Una vez que estás segura de que es la hora y de que encontraste a la persona adecuada para involucrarte de forme emocional, es muy probable que tu afecto se transforme en apego emocional, en especial si él está tan emocionado como tú en cuanto a una relación romántica exclusiva. A esta altura, es probable que el corazón te salte en el pecho. Tal vez sueñes durante el día en cómo será ser su esposa algún día. Quizá hasta practiques escribir tu nombre de soltera junto con su apellido, solo para ver cómo se ven juntos. Es en verdad una época emocionante en la vida de una joven cuando es novia oficial de ese chico especial.

Sin embargo, tienes que seguir juzgando su carácter para determinar si en verdad es el hombre con el que quieres pasar el resto de tu vida, no solo los viernes y sábados por la noche. Aunque creas que lo conoces bien por el tiempo que pasaste observándolo, hay cosas que todavía pueden salir a la superficie más adelante en la relación y que pueden preocuparte. No cometas el error, como muchas chicas hacen cuando sus novios comienzan a mostrar serias fallas de carácter, de suponer: *Bueno, pero invertí tanto en esta relación que no puedo romperla ahora.* Incluso luego de que se hayan hecho novios, si comienzas a enterarte de cosas suyas que harían que no fuera la clase de esposo que te mereces tener algún día, escápate ahora, antes de que camines hacia el altar y te cases. La cantidad de energía emocional que requiere una relación nueva es mínima en comparación con las toneladas de energía emocional que muchas mujeres tienen que gastar manteniéndose fieles a un hombre con el que desearían no haberse casado.

También tienes que controlar tus emociones y deseos sexuales, en especial protegiendo tu cuerpo. Recuerda, el cuerpo de la mujer anhela ir a donde va el corazón. Las mujeres a menudo cometen el error de bajar la guardia física durante el nivel de conexión emocional porque están muy estimuladas en lo emocional. Muchos encuentros sexuales prematrimoniales suceden porque: «¡No pudimos evitarlo! ¡Estamos tan enamorados!». Hablaremos más acerca de los límites saludables en las relaciones de noviazgo en el capítulo 22, y en el capítulo 23 encontrarás algunas pautas para saber cómo decidir si casarte con un joven al que estás apegada en lo emocional. Sin embargo, al pasar de los niveles de luz verde a estos niveles de luz amarilla de conexión emocional, tienes que saber que el tiempo está de tu lado.

EL TIEMPO ES TU AMIGO

Al principio, todas las relaciones son maravillosas por completo. Muchos chicos pueden estremecerte y deleitar tu corazón durante las primeras semanas o meses de una relación. Aun así, solo el tiempo dirá si su amor, su respeto y su compromiso hacia ti son genuinos. Hazte un favor y ten paciencia. Así como la belleza de un botón de rosa se arruinaría si se abriera a la fuerza antes de tiempo, la verdadera belleza de una relación tampoco se puede forzar. No puedes apurar una relación romántica saludable. Debido a su misma naturaleza, requiere tiempo para florecer y alcanzar el potencial completo que Dios le dio.

Si les dieran un centavo a las mujeres por cada vez que se sintieron tentadas a entregar su corazón, muchas estaríamos abarrotadas de dinero. Sin embargo, la joven sabia que se tome las cosas con calma y que con prudencia cuide su corazón en las relaciones prematrimoniales, caminará hacia el altar y hacia su novio llevando un tesoro mucho mayor que riquezas: un corazón que está listo para unirse al suyo para siempre.

Aférrate de corazón a mis palabras; obedece mis mandamientos, y vivirás. Adquiere sabiduría, adquiere inteligencia; no olvides mis palabras ni te apartes de ellas. No abandones nunca a la sabiduría, y ella te protegerá; ámala, y ella te cuidará. La sabiduría es lo primero. ¡Adquiere sabiduría! Por sobre todas las cosas, adquiere discernimiento. Estima a la sabiduría, y ella te exaltará; abrázala, y ella te honrará; te pondrá en la cabeza una hermosa diadema; te obsequiará una bella corona.

Proverbios 4:4-9

¡Sabe dónde parar!

No se dejen engañar: «Las malas compañías corrompen las buenas costumbres». Vuelvan a su sano juicio, como conviene, y dejen de pecar. En efecto, hay algunos de ustedes que no tienen conocimiento de Dios.

1 Corintios 15:33-34

¿Alguna vez esperaste en un semáforo justo cuando se pone en verde y viste cómo otro auto aceleraba y pasaba por el cruce aunque el semáforo ya estaba en rojo? Lo hemos visto muchas veces, y también vimos grandes choques como resultado de un mal criterio. Quizá el conductor pensó: *Bueno, voy a acelerar por el cruce porque, si frenara muy rápido, se gastarían los neumáticos del auto.* El costo de neumáticos gastados es mínimo en comparación con el costo de autos y personas estropeadas.

El costo de pasarse semáforos en rojo en lo emocional también es muy alto. Aunque queremos que disfrutes de relaciones amorosas saludables, algunas relaciones siempre son destructivas y enfermizas. Tienes que proteger tu corazón a toda costa de estas relaciones de nivel de luz roja: aventuras amorosas con «frutos prohibidos» y adicciones. (Por favor, vuelve a consultar la Figura 15.1 en la página 169).

Las aventuras amorosas con «frutos prohibidos»

Hay ciertas relaciones románticas que una joven no tiene que considerar bajo ninguna circunstancia, pues Dios las prohíbe con claridad en su Palabra. Aquí tienes algunos ejemplos de estos frutos prohibidos:

- inconversos: «No formen yunta con los incrédulos» (2 Corintios 6:14)
- hombres casados: «Tengan todos en alta estima el matrimonio y la fidelidad conyugal, porque Dios juzgará a los adúlteros y a todos los que cometen inmoralidades sexuales». (Hebreos 13:4)
- otras mujeres: «La homosexualidad está absolutamente prohibida porque es un pecado muy abominable» (Levítico 18:22, LBD)

Si quieres proteger tu corazón de las concesiones sexuales, tienes que saber que este tipo de relaciones está en una zona prohibida. Samanta quisiera haber considerado el costo de involucrarse en una relación así.

Cuando estaba en el último año del instituto, conoció a Rodrigo en el hospital donde trabajaba. Aunque le llevaba casi doce años y sus padres no lo habrían aprobado, pasaron mucho tiempo juntos y se hicieron amigos íntimos. Cuando alguien le dijo que Rodrigo estaba casado, Samanta ya se había enamorado. Confiesa:

> Quisiera poder decir que hice lo bueno y guardé distancia, pero no fue así. Me dijo que se estaba divorciando y nuestra aventura amorosa emocional al final se convirtió en una aventura sexual después que me mudé de la casa de mis padres y comencé a asistir a la universidad. Trataba de justificar la aventura con el hecho de que no tuvimos relaciones sexuales hasta que culminó el divorcio. Sabía que hasta involucrarme en lo emocional con un hombre casado estaba mal, pero eso no parecía importar mucho cuando estaba a su lado.
>
> En el primer semestre en la universidad, mis notas sufrieron mucho por todo el tiempo que pasaba con Rodrigo en lugar de estudiar. Incluso tuve que dejar algunas clases para que no me desaprobaran. En el semestre

siguiente me informaron que había perdido la beca porque no sacaba buenas notas, y ahora me preocupa que no podré alcanzar mi sueño de llegar a ser enfermera. Si pudiera rebobinar la cinta del año pasado, haría lo mejor posible para proteger mi corazón y evitaría del todo a Rodrigo.

Si Samanta hubiera guardado su corazón, habría salido corriendo de este hombre casado y no habría tenido que preocuparse por proteger su cuerpo, ni sus notas, su beca ni los planes para su carrera.

Quizá te atrae un «fruto prohibido», pero te preguntas cuán dulce será probar esa relación. Si no hay una persona así ahora, es probable que en algún momento de tu vida cruce por tu camino, ya sea que se trate de un compañero no cristiano, un compañero de trabajo casado o tu mejor amiga. (Hablaremos más sobre las relaciones homosexuales en el capítulo 20 y en el epílogo). Aquí tienes algunas preguntas prácticas que puedes hacerte para controlar tu corazón y asegurarte que no corres peligro de pasar al nivel de luz roja de las aventuras.

- ¿Me visto para agradarle a esta persona?
- ¿A menudo me desvío para encontrarme con este individuo, solo para obtener su atención?
- ¿Paso tiempo con esta persona cada vez que puedo, descuidando así otras relaciones?
- ¿Tengo que ocultarles a los demás mi amistad con esta persona?
- ¿Busco excusas para llamar a este individuo solo para poder escuchar su voz?
- ¿Me comunico con esta persona mediante el correo electrónico a fin de que otros no se enteren de nuestra amistad?
- ¿Me obsesiona hablar o pasar tiempo a solas con esta persona, donde nadie pueda oírnos ni vernos?

Si respondiste que sí a alguna de estas preguntas, haz un alto y corre en la dirección opuesta de esta relación. Luego ora pidiendo la protección divina de Dios, no solo sobre tu cuerpo, sino sobre tu corazón, tu mente y tu boca también de modo que no hagas ni digas algo que abra una puerta o invite a esta persona a una relación inapropiada. Sigue orando en cualquier momento que te sientas débil o vulnerable, pero asegúrate de que esta persona no se transforme en el centro de tus oraciones. También ora por tus otras relaciones con tu familia y amigos, y si es necesario, procura rendir cuenta ante ellos a fin de proteger tu corazón de una concesión mayor. Y lo que es más importante, concéntrate en tu relación con Dios y hazte el propósito de crecer en lo personal y en lo espiritual y fortalecer tu determinación contra las relaciones prohibidas.

Recuerda que si haces pasar hambre a tu deseo de intimidad emocional con alguien, morirá a la larga. Cuanto más controles tu apetito por relaciones malsanas, sentirás más dignidad y satisfacción por ti misma y tu habilidad para ser una joven de integridad sexual y emocional.

No obstante, si no pones tu apetito de relaciones románticas malsanas bajo el control de Dios, es probable que pronto tengas que lidiar no solo con un fuerte deseo de amor, sino con algo mucho más poderoso y difícil de controlar.

CUANDO EL AMOR SE TRANSFORMA EN UNA ADICCIÓN

El Diccionario de la Real Academia Española define al adicto como a alguien «dedicado, muy inclinado, apegado». Puedes ser adicta a cualquier cosa si te rindes a ella sin autocontrol: al alcohol, a las compras, a las drogas e incluso a las relaciones románticas. Es más, ¿sabías que las actividades románticas y sexuales pueden ser aun más adictivas que las drogas o el alcohol?

Gretel dará testimonio de esto. Tiene tres novios diferentes que no se conocen entre sí. Nos dijo:

> Mi novio «público» se llama Tomás, juega al baloncesto y va a mi escuela. Me acompaña a clase, se sienta conmigo durante el almuerzo y me lleva a casa en el auto cuando no tiene que quedarse a practicar después de la escuela. Después está Ronald, un chico que conocí por Internet. Nos mandamos correos electrónicos casi todos los días. En realidad, no lo considero un novio, pero nunca le conté sobre los otros chicos con los que estoy involucrada. Coqueteamos y hablamos de cosas que no querría que los otros chicos (ni que nadie más) se enteraran. También está Isaac, que está en primer año en el campus de la universidad a la que asiste mi prima. Siempre que la visito durante el fin de semana, Isaac me acompaña a las fiestas que vamos: fiestas en donde hay mucho besuqueo, e Isaac besa muy bien. A veces nos escribimos cartas o correos electrónicos y hablamos los fines de semana cuando tiene minutos gratis en el teléfono celular. Sé que estoy engañando a estos chicos, pero en verdad me gustan todos y no soporto la idea de romper la relación con ninguno.

Gretel no se da cuenta de que no solo juega con el corazón de estos chicos, sino que se prepara para sufrir. Si juegas con múltiples intereses amorosos, incluso en la adolescencia, puedes ponerte en una posición que te lleve a futuras infidelidades porque te acostumbras a la intensidad en lugar de a la intimidad genuina. En lugar de formar lazos emocionales más profundos con una persona, te gusta buscar el siguiente momento emocionante con el próximo chico.

¿Qué hace que una joven se haga adicta a las relaciones o al sexo? La duda o la incredulidad de que Dios es capaz de satisfacer en verdad sus necesidades más íntimas. Cuando tienes esta duda, es probable que busques una relación prohibida para satisfacer tus profundas necesidades emocionales, pero a la larga descubrirás que nadie te satisface por entero, sin importar cuán atenta, atractiva o maravillosa sea esa persona. Al ir hacia la siguiente persona, y luego a la siguiente, incluso permitiendo que algunas de estas relaciones ocurran al mismo tiempo, buscas amor en todos los lugares equivocados. Las relaciones románticas se reducen solo a «cosas» que puedes usar a fin de intentar llenar el vacío en tu corazón, pero ninguna persona logra llenarlo.

Dios no diseñó nuestros corazones para que se satisfagan por completo con las relaciones humanas, solo en una relación con Él. Una vez que nos llenamos de su amor, podemos amar a otros con integridad. Cuando nuestras relaciones son saludables y apropiadas, podemos respetar a otras personas y también proteger sus corazones, en lugar de solo usar a alguien para acariciar nuestro ego o para obtener nuestra próxima dosis emocional.

Nuestra oración es que nunca experimentes adicciones emocionales, y esperamos que este libro te convenza de que necesitas crear un plan de batalla a fin de evitar por completo cualquier nivel de luz roja de conexión emocional. No obstante, si ya te pasaste esta luz roja, tienes que saber que hay esperanza para ti. Sabemos de muchas chicas que experimentaron esta profunda desesperación, con la esperanza de encontrar algo que llenara el vacío en sus corazones, solo para descubrir que el abismo era mucho más profundo, oscuro y solitario de lo que se imaginaban. Soy una de esas chicas, pero luego de muchos años de concentrar mi atención y mis afectos en mi primer amor, Jesucristo, mi vida es un testimonio de la gracia transformadora de Dios. En el abundante amor de Dios, su brazo de gracia llega mucho más allá de lo que podemos caernos.

Como las adicciones sexuales y amorosas en gran medida fuera del alcance de este libro, te recomendamos que hables con tus padres, con el pastor de jóvenes, con el consejero de la escuela, con un mentor de confianza o incluso con un consejero profesional si la desesperación por el sexo, el amor, el romance o las relaciones controla tu vida. Pide ayuda. La necesitarás si quieres ser libre de este patrón destructivo y si quieres sanarte de las heridas causadas por este patrón dañino y de su resultado. No tienes por qué sufrir en silencio. Te sugerimos que compres un ejemplar del libro de Steve llamado *Addicted to Love*, que puede ayudarte a superar adicciones románticas, relacionales y sexuales.

LAS RECOMPENSAS DE LA SABIDURÍA

Tal vez antes pensabas que cuidar tu corazón era un asunto gris y que era imposible para una joven saber cómo controlar su corazón. Esperemos que los últimos capítulos te hayan ayudado a hacer la versión de color de este asunto de integridad emocional con niveles de luz verde, amarilla y roja, a fin de que logres identificar cuándo puedes avanzar, cuándo necesitas hacerlo con cuidado y cuándo tienes que parar por completo antes de estrellarte. Con esta nueva comprensión de la integridad emocional, lograrás evitar de una mejor manera la confusión, la falsa culpa, el apego emocional prematuro, las relaciones prohibidas, etc. Sin embargo, lo mejor de todo, cuando Dios vea que proteges tu corazón, te recompensará con una mayor revelación de su persona y te dará su amor desmesurado.

Dichosos los de corazón limpio, porque ellos verán a Dios.

Mateo 5:8

Sexta parte

Protege tu cuerpo

Gana la batalla física

Por lo tanto, no permitan ustedes que el pecado reine en su cuerpo mortal, ni obedezcan a sus malos deseos. No ofrezcan los miembros de su cuerpo al pecado como instrumentos de injusticia; al contrario, ofrézcanse más bien a Dios como quienes han vuelto de la muerte a la vida, presentando los miembros de su cuerpo como instrumentos de justicia.

ROMANOS 6:12-13

Cuando me gradué del instituto, quería ser patóloga y realizar cirugías a cadáveres a fin de determinar la causa de la muerte. Sin embargo, no podía pagar la escuela de medicina, ¡así que decidí hacer lo segundo en mis preferencias y entré a la universidad de estudios mortuorios!

Mientras estaba en la escuela, trabajaba en una de las mayores funerarias de Dallas, la cual incluso embalsamaba para otras trece funerarias de la zona. Aunque la mayoría de los cuerpos en los que trabajaba eran como te imaginas, gente mayor a la que se le había terminado su tiempo natural, me impactó ver cuántos adolescentes o menores de treinta años llegaban al cuarto de embalsamado. En general, ¿cuál era la causa de muerte? Complicaciones por el sida o suicidios por haberlos diagnosticados como VIH positivo. No tenías que ser científica espacial para darte cuenta de que estas personas enfrentaron una muerte temprana debido a las decisiones sexuales que tomaron, y a la luz de lo promiscua que había sido, no podía evitar pensar: *Solo por la gracia de Dios estoy parada sobre esta mesa para embalsamar en lugar de estar acostada sobre ella.*

Unos años después, luego de haberme casado y haber tenido mi primer bebé, asistí a una presentación de diapositivas acerca de las enfermedades de transmisión sexual y sus efectos en el aparato reproductor femenino. Sabía mucho acerca del VIH y el sida, pero me dejó pasmada enterarme de cuántas otras enfermedades existían: herpes, clamidia, gonorrea, sífilis, papilomavirus humano y muchas otras que son iguales de difíciles de pronunciar. Me quedé sentada allí, con lágrimas en los ojos, mirando las diapositivas de genitales infectados y escuchando historias de jovencitas que contrajeron una enfermedad de transmisión sexual. Muchas de estas pacientes no podían tener hijos propios por el daño irreversible. Quería salir corriendo hacia mi casa, tomar a mi bebita en brazos y agradecerle a Dios un millón de veces por haber cambiado mi vida antes de haber contraído una de estas enfermedades y haber arruinado mi oportunidad de poder tener hijos.

Le pregunté a Dios: «¿Por qué no morí de sida? ¿Por qué no contraje una enfermedad que me dejó estéril? ¿Por qué me guardaste? ¿Y cómo puedo mostrarte mi profunda gratitud por tu gracia?». En mi corazón, escuché con claridad a Dios que me decía: *Por falta de conocimiento mi pueblo ha sido destruido [Oseas 4:6]. Quiero que les cuentes esto a otros para que no perezcan.*

¿Quieres vivir a fin de caminar hacia el altar en tu boda algún día? ¿Sostener a tus bebés en brazos luego del parto? ¿Ver a tus hijos crecer y que te hagan abuela? ¿Envejecer junto a tu esposo? Si es así, presta mucha atención mientras examinamos las posibles consecuencias de perder la batalla física por la pureza sexual. Nos concentraremos en dos campos: tu salud y la salud de tus futuros bebés. Aunque antes, examinemos lo que dice Dios sobre involucrarse en cualquier tipo de acto sexual con alguien con el que no estás casada, y por qué.

¿POR QUÉ A DIOS LE IMPORTA?

Aquí tienes algunos ejemplos de lo que Dios dice sobre la inmoralidad sexual y la fornicación, términos que se refieren a la relación sexual fuera del matrimonio.

> Huyan de la inmoralidad sexual. Todos los demás pecados que una [mujer] comete quedan fuera de su cuerpo; pero [la] que comete inmoralidades sexuales peca contra su propio cuerpo. ¿Acaso no saben que su cuerpo es templo del Espíritu Santo, quien está en ustedes y al que han recibido de parte de Dios? Ustedes no son sus [propias dueñas]; fueron [compradas] por un precio. Por tanto, honren con su cuerpo a Dios. (1 Corintios 6:18-20)

> Las obras de la naturaleza pecaminosa se conocen bien: inmoralidad sexual, impureza y libertinaje; idolatría y brujería; odio, discordia, celos, arrebatos de ira, rivalidades, disensiones, sectarismos y envidia; borracheras, orgías, y otras cosas parecidas. Les advierto ahora, como antes lo hice, que los que practican tales cosas no heredarán el reino de Dios. (Gálatas 5:19-21)

Quizá te hayas preguntado: *¿Cuál es el gran problema con la relación sexual fuera del matrimonio? ¡Mucha gente lo hace! ¿Por qué es tan importante para Dios?*

Es tan importante porque Él creó nuestros cuerpos y los diseñó para que se unieran a una persona: nuestro cónyuge, en una relación pura y sexual. Sabe que de acuerdo a su diseño, nuestros cuerpos no tienen la capacidad física de luchar contra ciertos gérmenes, bacterias y enfermedades que se transmiten a través de la actividad sexual, enfermedades que nos dañan y que dañan nuestra habilidad de cumplir su mandamiento de «Sean fructíferos y multiplíquense», ¡lo cual significa tener relaciones sexuales y hacer bebés! Él prohíbe ciertas actividades sexuales porque quiere ayudarnos a mantener la salud sexual y la felicidad relacional.

En resumen, Dios quiere lo mejor para nosotros y con amor nos comunica a través de las Escrituras que el acto sexual fuera de la relación matrimonial no está dentro de su plan y puede ser muy peligroso. Exploremos el porqué.

LO QUE NECESITAS SABER SOBRE TU CUERPO

Antes de hablar de las enfermedades de transmisión sexual, observemos cómo Dios diseñó el cuerpo femenino para que pueda tener un hermoso bebé algún día (véase la Figura 19.1 en la página 199). Aunque el área genital de la mujer consta de muchas otras partes, vamos a limitar nuestra charla a las partes vitales del aparato reproductor que más se afectan con las enfermedades de transmisión sexual: los ovarios, las trompas de Falopio, el útero, el cuello del útero y el canal vaginal.

- *Los ovarios.* Son dos órganos del tamaño de una almendra que contienen miles de células reproductoras femeninas llamadas *óvulos*, o *huevos*. Una niña nace con todos los óvulos que tendrá en la vida y cuando pasa por la pubertad, sus ovarios comienzan a liberar un óvulo al mes. Este proceso se llama *ovulación*. Si un espermatozoide (la célula reproductora masculina) se une a este óvulo durante el acto sexual, el óvulo se fertiliza y comienza a crecer un bebé.

- *Trompas de Falopio.* Estos dos tubos angostos, que conectan los ovarios con el útero, están llenos de estructuras pequeñas, parecidas a cabellos, llamadas *cilios*. Estos sirven para arrastrar al óvulo desde el ovario y al espermatozoide desde el útero, haciendo que se junten para que se lleve a cabo la fertilización.

- *El útero.* También se le llama *matriz*, y es el hogar del bebé mientras crece y se desarrolla durante nueve meses. El útero tiene una forma parecida a una pera al revés. Cada mes, las paredes del útero acumulan sangre por si un óvulo fertilizado se prende y se transforma en un bebé. Hasta que nace, el bebé recibe alimento de esta sangre. Si ningún espermatozoide fertiliza el óvulo, el revestimiento de sangre sale poco a poco del cuerpo durante el ciclo menstrual, al que también se le llama *periodo*, el cual dura entre tres y siete días.

- *El cuello del útero.* El cuello del útero es un músculo redondo que separa el útero del canal vaginal. Su principal propósito es contraerse, cerrándose y formando un tapón mucoso cuando una mujer queda embarazada. Esto protege el *saco amniótico*, que es la bolsa llena de fluido que rodea al bebé mientras crece. Cuando el bebé está listo para nacer, el cuello del útero comenzará a abrirse, o dilatarse, y liberará el tapón mucoso. Cuando el cuello del útero mida diez centímetros de diámetro, permitirá que pasen la cabeza y el cuerpo del bebé.
- *El canal vaginal.* Este elástico conducto muscular tiene entre ocho y diez centímetros de largo cuando está desarrollado por completo. Si usas tampones durante tu periodo, los insertas en tu canal vaginal. Se le llama el *canal del parto* porque durante el parto el bebé llega al mundo a través de este conducto.

Ahora que conoces tu cuerpo un poco mejor, echémosle un vistazo a lo que puede suceder si no lo proteges guardando el acto sexual hasta el matrimonio.

LO QUE NECESITAS SABER SOBRE LAS ENFERMEDADES DE TRANSMISIÓN SEXUAL

Hasta los años 70, la gente solo conocía dos tipos de enfermedades que se pueden contraer a través del contacto sexual: la sífilis y la gonorrea. Una inyección de penicilina podía curar con facilidad cualquiera de las dos enfermedades, así que no disuadían demasiado de la actividad sexual.

Hoy en día, sin embargo, los investigadores estiman que hay entre veinte y veinticinco tipos significativos de enfermedades de transmisión sexual (ETS), aquí solo hablaremos de algunas. Un panel de expertos informó las siguientes estadísticas acerca de las ETS en los Estados Unidos:

- Quince millones de casos nuevos de ETS ocurren cada año en los estadounidenses.
- Unos sesenta y ocho millones de personas tienen una ETS en los Estados Unidos.
- Las ETS le cuestan al país alrededor de ocho mil millones de dólares al año.
- En la actualidad, el herpes genital infecta a más estadounidenses (cuarenta y cinco millones) que cualquier otra ETS.
- El papilomavirus humano (HPV) tiene la incidencia anual más alta en infecciones nuevas (cinco millones y medio)[1].

La ETS a la que en general se le presta mayor atención es al VIH (virus de inmunodeficiencia humana). Le roba al cuerpo la habilidad de luchar contra las enfermedades y a la larga se desarrolla el sida (síndrome de inmunodeficiencia adquirida), el cual pone en peligro el sistema inmunológico y hace que una

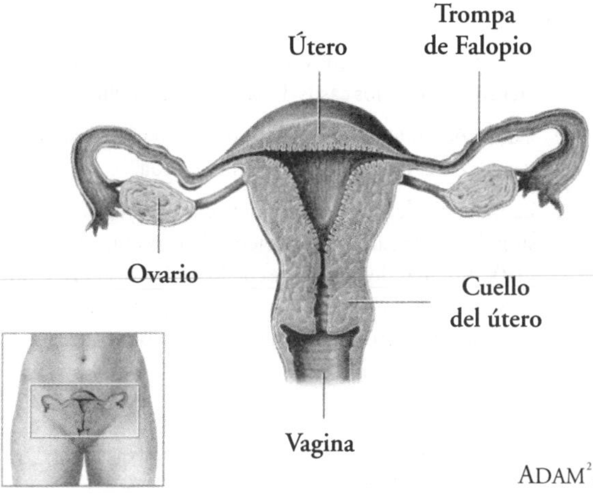

ADAM[2].

Figura 19.1

persona pueda morir de una gran variedad de enfermedades, como la leucemia o la neumonía. El sida también puede transmitirse a través del suministro sanguíneo de la madre al bebé, y eso puede resultar en la muerte del niño a temprana edad. Se estima que unos veinte millones de personas ya murieron de sida, y que cuarenta y dos millones de personas están infectadas en la actualidad[3]. Los esfuerzos de prevención del sida se dirigen en general a los adolescentes, pues es mucho más probable que se involucren en prácticas sexuales riesgosas con múltiples compañeros que los adultos.

Si no escucháramos tantas cosas sobre del VIH, escucharíamos más sobre el HPV. Esta enfermedad tiene el índice de infección anual más alto (repito, cinco millones y medio de personas al año solo en Estados Unidos). Mientras que las infecciones bacterianas se pueden tratar con antibióticos, las infecciones virales como el HPV, el herpes y el VIH no tienen cura. Los síntomas de las infecciones virales se pueden tratar, pero a la larga el virus se queda contigo para siempre. Esto es lo que dice el Instituto Médico de Salud Sexual (MISH, por sus siglas en inglés) sobre del HPV:

- El HPV es el virus que está presente en noventa y tres por ciento de todos los casos de cáncer en el cuello del útero.
- Cada año en los Estados Unidos mueren más mujeres de cáncer en el cuello del útero que de sida.
- La mayoría de los estadounidenses, incluyendo los profesionales de la salud, no suelen saber lo común que es el HPV. Además del cáncer de cuello de útero, el HPV puede conducir al cáncer en la vagina, el pene, el canal anal (mediante el acto sexual anal*), o en la boca (mediante el acto sexual oral).

---

* *acto sexual anal*: inserción del pene en el canal anal en lugar de en el canal vaginal.

- El Dr. Richard Klausner del Instituto Nacional del Cáncer dijo: «Los preservativos son [una protección] ineficaz contra el HPV porque el virus prevalece no solo en el tejido mucoso [húmedo], sino también en la piel seca que rodea el abdomen y la ingle [el área entre las piernas], y pueden emigrar [moverse] desde esas áreas hacia la vagina o el cuello del útero»[4].

El HPV puede causar verrugas que los doctores a menudo queman con láser, a veces dañando el tejido afectado (casi siempre el cuello del útero o el área exterior de la vagina llamada *vulva*). A menudo, el músculo del cuello del útero se debilita por esta cirugía y es posible que no sea suficientemente fuerte como para permanecer cerrado durante el embarazo, aumentando las posibilidades de un aborto espontáneo†.

INCLUSO SI NO TIENES NINGÚN SÍNTOMA...

A pesar de todas las advertencias acerca de las ETS, muchos jóvenes siguen teniendo el acto sexual vaginal, anal u oral. Piensan: *No es posible que tenga una enfermedad, ¡pues no tengo ningún síntoma en lo absoluto!* O tal vez piensan: *Siempre practico «sexo seguro», así que no tengo por qué preocuparme por las ETS.* O quizá le preguntan con cuidado a su compañero potencial: «¿Tienes alguna enfermedad?», a lo cual esa persona responde: «¡Por supuesto que no!».

Antes de que supongas que no hay ningún riesgo, entiende esto: El MISH estima que entre setenta y ochenta por ciento de las veces, un portador de una ETS *no tiene síntomas* en absoluto. Sin las pruebas médicas adecuadas es posible que tú o tu compañero nunca sepan que tienen la enfermedad, pero pueden transmitírsela a un compañero con el que tengan contacto. Incluso con pruebas médicas, algunas enfermedades como el HPV son

† *aborto espontáneo*: la pérdida accidental de un embarazo debido a complicaciones médicas.

difíciles de detectar. Muchas de estas enfermedades te acompañarán de por vida y es probable que infecten a cualquiera con el que tengas cualquier tipo de contacto sexual. Esto incluye el acto sexual vaginal, el oral, el anal o la masturbación mutua*.

Algunos sectores de la sociedad han convencido a muchas personas de que si tienes relaciones sexuales con protección, no tienes por qué temer a las enfermedades. Aunque usar un preservativo† puede hacer que el acto sexual sea más seguro que sin protección, los preservativos no equivalen a sexo seguro. La Dra. Susan Weller dice: «Es perjudicial alentar la creencia de que los preservativos *evitan* la transmisión sexual del VIH»[5]. En un estudio que se realizó para determinar la eficacia de los preservativos para proteger contra la propagación del VIH, los investigadores estimaron que la verdadera eficacia de los preservativos para reducir el riesgo es solo de sesenta y nueve por ciento. Con un factor de riesgo de treinta y un por ciento, el uso de preservativos para prevenir la propagación del VIH es casi tan peligroso como poner dos balas en una pistola de seis cámaras y jugar a la ruleta rusa‡. No es muy inteligente, ¿eh?

Si en verdad quieres protegerte, tienes que guardarte por completo contra las concesiones sexuales. Ningún preservativo te protege del todo contra las posibles consecuencias físicas de las relaciones sexuales fuera del matrimonio. Ningún preservativo te protege contra las consecuencias espirituales del pecado, que es la ruptura del compañerismo con Dios. Ningún preservativo te protegerá de las consecuencias emocionales de un corazón roto.

---

* *masturbación mutua*: tocar los genitales de otra persona y luego tocar los propios, poniéndose en contacto con los fluidos corporales mutuos.

† *preservativo*: una protección de látex para el pene del hombre que reduce el riesgo de embarazo y de algunas ETS.

‡ *ruleta rusa*: un juego absurdo y peligroso en el que una persona coloca una bala en una pistola de seis cámaras, se coloca la pistola contra la cabeza y presiona el gatillo, con la esperanza de que la bala quede en la pistola en lugar de ir a parar a su cerebro.

Es más, hay estudios que demuestran que una vez que una adolescente comienza a tener relaciones sexuales fuera del matrimonio, aumenta tres veces la probabilidad de que se suicide en comparación a una virgen[6]. Cuando una chica entrega su virginidad, en general obtiene como resultado una autoestima baja, reproches, vergüenza y un gran dolor emocional. Por lo tanto, no pienses desde el punto de vista de «sexo seguro», sino en función de «asegurarte que el sexo» quede para el matrimonio.

Si esta revelación viene luego de que permitiste que se crucen tus barreras físicas, hazte un favor y ve a un doctor para que te haga un chequeo de ETS. Sabemos que puede ser difícil o que quizá te dé vergüenza, pero el tratamiento adecuado puede salvarte la vida, la vida de tu futuro compañero y la vida de tus futuros bebés.

POR EL BIEN DE TUS FUTUROS BEBÉS

Si eres como la mayoría de las muchachas, quieres tener hijos algún día. Este deseo es uno de los más comunes que tenemos como seres humanos: reproducir vida y transmitir un legado de amor a nuestros hijos. El Salmo 127:3-5 dice:

> Los hijos [y las hijas] son una herencia del SEÑOR,
> los frutos del vientre son una recompensa.
> Como flechas en las manos del guerrero
> son los hijos [y las hijas] de la juventud.
> Dichosos los que llenan su aljaba [o casa]
> con esta clase de flechas.

Si algún día quieres tener hijos propios, esperamos que estudies este libro con cuidado. Tu victoria en esta batalla podría determinar tu habilidad para concebir y tener tus propios hijos. Verás, algunas enfermedades de transmisión sexual hacen que se forme un tejido de cicatrización en las trompas de Falopio, haciendo que tus óvulos nunca puedan llegar a unirse con los espermatozoides de tu esposo. Tal vez pienses: *Sí, pero si voy a una clínica de esterilidad me pueden ayudar a quedar embarazada.* Sin embargo, no hay garantías de que los procedimientos médicos resulten con éxito en un embarazo y en un bebé saludable, y los tratamientos para la esterilidad cuestan mucho dinero ganado con esfuerzo, tiempo valioso y energía emocional. Tenemos muchos amigos que dan fe de este hecho.

También te advertimos que tener un aborto puede dañar tu capacidad para tener hijos. A menudo cuando una joven queda embarazada antes de estar casada, ve el aborto como una salida fácil. No implica vergüenza pública, ni humillación entre los amigos y la familia: solo deshazte del bebé y nadie tiene por qué enterarse. Aun así, aquí tenemos un consejo de parte de Débora, una mujer que quiere que aprendas de su error, en lugar de cometer uno propio:

> Cuando tenía diecinueve años, decidí hacerme un aborto cuando mi novio no quiso casarse conmigo, ni ayudarme a cuidar al bebé. Pensé que era la forma fácil de ponerle un fin rápido a un gran error. Sin embargo, no puedo describir la vergüenza y el dolor intenso que he sentido durante los últimos veinte años, en especial en Navidad y en abril, cuando celebraríamos su cumpleaños. El aborto me dejó un daño permanente en el útero y nunca pude tener mi propio bebé, incluso luego de casarme con un buen hombre que quería tener hijos. En verdad desearía haber elegido vivir con la humillación de un embarazo no planeado durante nueve meses y luego haber puesto el bebé en un amoroso hogar adoptivo. Eso hubiera sido mucho más fácil que llevar la carga de asesinar a mi propio hijo y de quedar estéril. Me arrepentiré hasta el día que me muera.

En un artículo titulado «Las promesas que el aborto no cumplió», Maggie Gallagher dice que se mata a uno de entre cuatro bebés antes de nacer debido al aborto. También dice:

> Lo que el aborto le entrega a las mujeres es la capacidad de involucrarse en prácticas sexuales del peor tipo como parte de la rutina: sexo sin sentido con compañeros no comprometidos [...] La ironía para las mujeres es que estas prácticas sexuales arriesgadas no son siquiera placenteras. Para las mujeres, según confirman investigaciones recientes, la satisfacción sexual depende en primer lugar de la calidad emocional de la relación con el hombre al cual deja entrar a su cuerpo[7].

Maggie tiene razón. El acto sexual fuera de una relación matrimonial comprometida puede ser una tentación, pero las que han experimentado el acto sexual prematrimonial pueden declarar que no satisface los deseos más íntimos que una mujer tiene de amor, intimidad y seguridad. Solo la relación sexual según el diseño de Dios con un compañero matrimonial amoroso y fiel puede lograr eso.

¿ESTÁS LISTA PARA LA VICTORIA?

Ahora que sabes más de lo que jamás quisiste saber sobre las enfermedades de transmisión sexual y que entiendes mejor por qué el plan de Dios para la relación sexual es solo para el matrimonio, ¿estás lista para construir una línea infalible de defensa contra las ETS, el embarazo no planeado y la infertilidad? ¡Muy bien!

En los próximos tres capítulos examinaremos algunas formas específicas de proteger tu cuerpo contra las concesiones sexuales. ¡Sigue leyendo!

> *No se engañen: de Dios nadie se burla. Cada [una] cosecha lo que siembra. [La] que siembra para agradar a su naturaleza pecaminosa, de esa misma naturaleza cosechará destrucción; [la] que siembra para agradar al Espíritu, del Espíritu cosechará vida eterna.*
>
> *Gálatas 6:7-8*

20

La virginidad «técnica»

El cuerpo no es para la inmoralidad sexual sino para el Señor, y el Señor para el cuerpo.

1 Corintios 6:13

Había estado esperando esta noche durante varias semanas y al fin había llegado: una cita muy especial en un lugar excitante con una persona muy especial. Fuimos en el auto hasta el estacionamiento del flamante estadio del juego de béisbol de los Texas Rangers, solo mi sobrina y yo, a fin de festejar su cumpleaños número diez. Nuestras conversaciones en el auto fueron alegres y llenas de risas. Luego le dije: «Paige, ahora que tienes diez años, sé que a veces debes tener algunas preguntas para las que no sabes a quién acudir. Solo quiero que sepas que puedes preguntarme lo que quieras y cuando quieras». No sabía en lo que me metía cuando Paige me respondió: «Tía Shannon, ¿qué es el acto sexual oral?».

Me esperaba preguntas sobre peinados o de la escuela o quizá de chicos. ¿Pero eso? Viniendo de una niña de diez años, esa pregunta me tomó de sorpresa, por no decir algo peor. Le pregunté dónde escuchó sobre el acto sexual oral, y me respondió: «¡Lo escucho a cada momento por la radio!».

En 1998, justo cuando probablemente estabas formando tus opiniones e ideas sobre la relación sexual y la sexualidad, los medios de comunicación bombardearon a nuestra nación con cobertura periodística del escándalo sexual de la Casa Blanca. El ex presidente Bill Clinton insistió en que no había mentido al respecto de tener relaciones sexuales con Mónica Lewinski porque, como más o menos dijo, el acto sexual oral no es relación sexual. Aunque sus acusadores no se tragaron este argumento, fue lamentable que muchos jóvenes sí.

Considera estas estadísticas:

- De acuerdo con una encuesta del otoño de 1999 que realizó la revista *Seventeen*, de los setecientos veintitrés adolescentes (de entre quince y diecinueve años) a los que se entrevistó en centros comerciales, cuarenta y nueve por ciento pensaba que el acto sexual oral «no es tanto como acto sexual», y cuarenta por ciento dijo que no contaba como «acto sexual»[1].
- Una encuesta reciente a chicos y chicas de entre quince a diecinueve años descubrió que cincuenta y cinco por ciento dicen haber tenido acto sexual oral[2].
- A un psicólogo de Manhattan se le citó cuando decía que el acto sexual oral «es como un beso de las buenas noches» para muchos adolescentes, en una descripción de cómo vírgenes de séptimo y octavo grado que se guardaban para el matrimonio tenían acto sexual oral mientras tanto porque lo consideraban como seguro y libre de riesgos[3].

¿QUÉ HAY DETRÁS DEL MITO DE «EL ACTO SEXUAL ORAL NO ES ACTO SEXUAL»?

En los últimos tiempos, se ha dicho que el acto sexual oral se ha transformado en el «acto sexual de elección» entre los adolescentes y adultos jóvenes, casi siempre con las chicas en el extremo «dador» en lugar de en el extremo «receptor». ¿Por qué el acto sexual oral ha llegado a ser tan popular?

Créase o no, muchas jóvenes lo ven como una oferta excelente. ¿Por qué? Aquí tienes algunas razones, junto con nuestra respuesta:

- *No hay riesgo de embarazo.* Sin embargo, como la pasión sexual aumenta enseguida, muchos jóvenes tienen relaciones sexuales poco después de experimentar con el acto sexual oral. Luego el posible embarazo *sí* pasa a ser un problema.

- *No puedo contagiarme una ETS por el acto sexual oral.* Si piensas esto, mejor piénsalo dos veces. El papilomavirus humano, el virus del herpes simple y la hepatitis B son algunas de las ETS virales que se pueden transmitir por vía oral[4], mientras que la gonorrea, la sífilis, la clamidia y el cancroide son algunas de las infecciones bacterianas que pueden transmitirse a través del acto sexual oral[5]. Quizá crees que tener una de estas enfermedades en la boca no es tan malo como tenerlas en el área vaginal, pero cuando contraes una ETS en la boca por acto sexual oral, puedes transmitírsela a alguien solo besándolo, y luego él puede transmitírtela al área vaginal si tiene acto sexual oral contigo. Como mencionamos en el último capítulo, no es necesario que haya penetración vaginal para que contraigas una ETS.

- *Puedo ser más popular con los chicos.* ¿Pero quién quiere ser popular por ser un blanco fácil para el acto sexual oral? Tal vez atraigas la atención de los chicos realizando favores sexuales, pero de ninguna manera obtendrás su respeto, su amor incondicional, ni su compromiso.

- *Quiero «hacerlo feliz».* Si un chico te dice que el acto sexual oral es la manera de hacerlo feliz, no te *ama* en absoluto. Te está *usando*, y tienes que huir de esa relación a la velocidad de la luz. Si es *tu* idea y tu deseo practicarle acto sexual oral para hacerlo feliz, te recomendamos que corras hacia el consejero profesional que tengas más cerca en la iglesia o en la escuela para revisar este asunto antes de que comiences a hacer cosas de las que te arrepientas. Ese tipo de decisiones sexuales puede progresar con facilidad, transformarse en hábitos y, a la larga, en adicciones sexuales.

- *Yo lo controlo* (mientras que en la relación sexual, se considera que el chico tiene el control). Como muchas jóvenes han sido víctimas de abuso sexual y las han coaccionado para que realicen actos sexuales que no querían, la ilusión

> de mantener el poder sobre un chico durante el acto sexual oral quizá resulte atractiva. Sin embargo, ese control es un producto de tu imaginación. Si practicar el acto sexual oral es tu idea, puede ser que lo controles por algunos minutos, pero una vez que sucede la eyaculación* y él obtiene su alivio sexual, perdiste el control. Si el acto sexual oral es su idea y le permites que te coaccione para que lo practiques, él te controla, no a la inversa.

Mientras consideras todas estas cosas, esperamos que estés de acuerdo en que el acto sexual oral fuera del matrimonio *es*, en verdad, una actividad sexual de la cual deberías abstenerte de plano como una joven de integridad sexual y emocional.

OTRAS FALSAS IDEAS SOBRE LA ABSTINENCIA

El acto sexual oral no es la única actividad que muchos asocian por error con un estilo de abstinencia sexual. Un estudio reveló que sesenta y un por ciento de estudiantes de primer y segundo año de la universidad pensaba que la masturbación mutua es un comportamiento abstinente y que veinticuatro por ciento pensaba que el acto sexual anal también era abstinencia[6]. La filosofía parece ser que «si no puedo quedar embarazada haciéndolo, ¡es abstinencia!». Esta es una concepción demasiado limitada y falsa de la abstinencia sexual. Un estilo de vida de abstinencia sexual significa abstenerse de cualquier tipo de contacto genital o cualquier otra actividad que sirva para excitarte (o excitarlo) en lo sexual. El acto sexual oral, la masturbación mutua y el acto sexual anal caen en esa categoría y tienen que evitarse del todo.

Muchas creen que estos comportamientos son aceptables y piensan: *Mientras no haya penetración vaginal, soy abstinente, y por lo tanto, todavía soy virgen.* Tal vez virgen de manera «técnica», pero virgen al fin. Así que, en su mente, practicarle acto sexual

---

* *eyaculación:* la cima del placer sexual de un hombre cuando de repente, el semen sale despedido del pene.

oral a un chico no es en verdad acto sexual. Permitirle que le realice acto sexual oral tampoco es acto sexual. Permitirle que le toque el área vaginal e incluso que le penetre el canal vaginal con los dedos en realidad no es acto sexual. Estimularlo de forma «manual» no es en verdad relación sexual. En la mente de la virgen técnica, todavía puede decir que es pura mientras ningún pene se inserte en su vagina.

No queremos tirarle un balde de agua al desfile de pureza de nadie, pero ser una virgen técnica no es nada de lo cual estar orgullosa. En esencia dice que no puedes ejercer autocontrol sexual y que apenas conservas tu virginidad pendiendo de un hilo: el hilo de la penetración vaginal.

Si te has involucrado en algunas de estas actividades, por favor no te sientas condenada; Dios no te condena (véase Romanos 8:1). El pueblo de Dios se destruye por falta de conocimiento. Mi coautor y yo queremos darles información que les ayude a vivir en pureza e integridad sexual. En el pasado, los dos tomamos decisiones sexuales muy imprudentes por ignorancia y queremos equiparte con toda la información que quisiéramos haber tenido a tu edad a fin de evitar que cometas errores similares. Queremos que descubras el gozo que encontramos en la libertad y la obediencia.

Queremos ayudarte a entender por qué la abstinencia absoluta es tan importante para Dios, pero antes de hacerlo, tratemos una falsa idea más sobre la abstinencia.

El atractivo de la experimentación lesbiana

Muchas jovencitas hoy en día suponen que no hay problema con la experimentación lesbiana*. Piensan: *Voy a experimentar con chicas, pero en realidad no es acto sexual.* Otra vez, volvemos a «mientras no haya penetración vaginal, no estoy teniendo relaciones sexuales», y como las amantes lesbianas no tienen pene, las chicas

---

* *lesbiana:* relacionado a la homosexualidad entre mujeres.

piensan que pueden experimentar entre ellas y todavía ser vírgenes. Algunas suponen que la experimentación lesbiana es del todo normal y que es parte del descubrimiento de tu verdadera identidad sexual. *¿Cómo voy a saber si soy homosexual o heterosexual si no pruebo con los dos?*, es su razonamiento. Otras se toquetean con compañeras del mismo sexo porque se ha hecho bastante popular. A algunas, incluso tan temprano como en la escuela secundaria, solo les gusta causar un impacto cuando declaran con audacia: «¡Soy bisexual!». Otras se unen con otras chicas porque creen que los chicos pensarán que tienen onda y se interesarán en ellas.

La experimentación lesbiana *no* es una forma aceptable de abstinencia. Va de forma directa en contra de las Escrituras (véanse Levítico 18:22; Romanos 1:24-26) y alimenta pasiones y curiosidades sexuales al punto de que «solo jugar» sexualmente con otra mujer puede volverse adictivo, creando una gran cantidad de confusión, culpa y desconcierto en tu vida.

> «Quiero casarme con una chica que se haya guardado para mí como yo me guardo para ella. Quiero que no solo le importe su virginidad física, sino toda su pureza».
>
> DANIEL

Solo pregúntale a María. A pesar de ser cristiana hace once años, de querer vivir una vida que agrade a Dios y de siempre haber deseado una relación saludable y pura con un hombre algún día, la experimentación lesbiana la llevó a un lugar al que nunca quiso ir. María cuenta su historia:

> En verdad lucho con la relación sexual con una amiga en mi vida. Nunca me consideré lesbiana, pero comenzamos a toquetearnos y nuestra relación se hizo muy sexual. Sé que Dios quiere que deje esta relación, pero es muy difícil. Vuelvo a caer en lo mismo y no sé hacia dónde ir desde aquí.

Estamos seguros de que María nunca hubiera deseado incursionar en esto. El pecado es mucho más fácil de resistir al principio. Una vez que probamos la fruta prohibida, a menudo desarrollamos un apetito por ella. Si te has involucrado en experimentaciones lesbianas y te das cuenta de que no puedes liberarte, te exhortamos a que veas a un consejero antes de que esto se transforme en un estilo de vida devorador que te prive de tener un matrimonio feliz y una vida rica y satisfactoria algún día.

Antes de seguir, te aclararemos la diferencia entre el juego sexual del niño y la experimentación lesbiana. Es posible que algunas estén leyendo esto y piensen: *¡Qué asco! ¿Qué pasa con lo que hice con Susana cuando teníamos cinco años?* La mayoría de los chicos pasan por una etapa de curiosidad sexual y se involucran en comportamientos sexuales como «jugar al doctor» o «jugar al esposo y la esposa», a veces con un niño como compañero, pero a veces con una niña como compañera, en especial si a menudo se quedaba a dormir en tu casa una niña o una prima.

Tienes que saber que estas actividades sexuales en las que te involucrabas de niña no te hacen lesbiana ni son para alarmarse. Nuestra advertencia es contra la decisión deliberada de involucrarse en comportamientos sexuales en una edad en la que ya tienes responsabilidad. Si ya eres lo suficiente mayor como para leer este libro, eres lo bastante mayor para controlar tus comportamientos sexuales y tomar decisiones que en verdad apoyen un estilo de vida abstinente. Esperamos que al leer esto, no solo te convenzas de hacerlo, sino que te equipes y te emociones al respecto.

¿Por qué a Dios le importa tanto mi abstinencia?

No queremos dejarte con la impresión de que Dios solo crea estas largas listas de reglas para hacerte las cosas difíciles, mangonearte o privarte de la diversión. Tu abstinencia absoluta de toda actividad sexual, no solo del acto sexual, es tan importante para Él porque tu pureza y tu santidad son una prioridad absoluta. ¿Por qué? Porque a través de la pureza y la santidad descubrimos la vida abundante y de libertad del pecado, y el gozo supremo que Dios desea para nosotros. Recuerda, Él nos ama mucho más de lo que podemos imaginarnos, incluso más de lo que nos amamos a nosotros mismos. Quiere que evites intentar eludir la regla de «nada de acto sexual hasta el matrimonio» por cinco razones:

1. *Una salud física perfecta.* Hizo tu cuerpo y sabe que es susceptible a gérmenes y enfermedades que podrían privarte de una salud sexual perfecta y de la habilidad de tener tus propios hijos algún día. Te hizo para que seas saludable y: «Sean fructíferos y multiplíquense» (Génesis 1:22), y la abstinencia aumentará en gran manera tu capacidad para lograrlo.
2. *Una salud mental perfecta.* Quiere que seas libre de las tentaciones y de las fantasías que abruman la mente de la gente cuando comienzan a chapotear en la inmoralidad sexual. Quiere que pienses con claridad y uses tu buen juicio.
3. *Una salud emocional perfecta.* Quiere protegerte de un corazón roto, de la culpa y de una autoestima baja. No quiere que te atormente la depresión, sino que te llene un gozo indescriptible.
4. *Una salud espiritual perfecta.* Quiere que te sientas en plena libertad de entrar a su presencia y disfrutar de su compañía, y sabe que el pecado sexual será un obstáculo para que experimentes esta libertad.
5. *Una salud relacional perfecta.* Dios creó tu área vaginal para que sea un lugar increíblemente especial, un lugar en el que tú y tu esposo logren establecer vínculos de una manera tan personal, profunda e íntima que su relación se separe por completo de las demás. Tu matrimonio está diseñado para ser exclusivo en lo sexual y más fuerte y permanente que cualquier otra relación que hayas tenido. Por esta razón, Dios quiere proteger tu cuerpo, que es el

templo del Espíritu Santo, en especial ese lugar que se podría considerar como el «santo de los santos», el lugar privado dentro del templo reservado de forma estricta para el propósito más divino. Además, proveer un lugar saludable, maravilloso y exclusivo para la relación sexual íntima con tu esposo algún día en verdad puede considerarse como un propósito *divino.*

ASÍ QUE, ¿CUÁL ES LA RESPUESTA?

Si el acto sexual oral, la masturbación mutua, el acto sexual anal o la experimentación lesbiana no son la respuesta para eludir la regla de «nada de relación sexual hasta el matrimonio» que Dios creó con tanto amor para nuestra seguridad y bienestar, ¿cuál *es* la respuesta? ¿Cómo encuentras la satisfacción sexual?

Como repetimos a lo largo de este libro, hay una sola manera de experimentar la satisfacción suprema y es haciendo las cosas a la manera de Dios. Hay una sola forma de evitar el riesgo de los embarazos no planeados y las enfermedades de transmisión sexual. Hay una sola forma de mantener tu virginidad y de proteger en verdad tu pureza sexual. Es la misma manera en que puedes hacer que un chico especial esté loco de alegría algún día con tus favores sexuales y probar tu habilidad para permanecerle fiel: ejerciendo autocontrol para que no se exciten a propósito en el aspecto físico mutuo. Por supuesto que no nos referimos a la virginidad técnica, sino a una vida de abstinencia absoluta y un estilo de vida abundante de verdad.

En cambio, el fruto del Espíritu es amor, alegría, paz, paciencia, amabilidad, bondad, fidelidad, humildad y dominio propio. No hay ley que condene estas cosas.

Gálatas 5:22-23

Relación sexual sin compromisos

La voluntad de Dios es que sean santificados; que se aparten de la inmoralidad sexual; que cada uno aprenda a controlar su propio cuerpo de una manera santa y honrosa, sin dejarse llevar por los malos deseos como hacen los paganos, que no conocen a Dios.

1 TESALONICENSES 4:3-5

El 19 de junio de 2003, *Buenos Días América* informó que veinte por ciento de los adolescentes tienen relaciones sexuales antes de cumplir quince años. En 2001, el Centro de Control de Enfermedades informó que cuarenta y cinco coma seis por ciento de los estudiantes del instituto en los Estados Unidos han tenido relaciones sexuales[1]. En un artículo del periódico titulado «Las promesas de abstinencia no son muy eficaces», Mary Meehan escribió que «de acuerdo a una encuesta a casi seiscientos adolescentes, sesenta y un por ciento de los que hicieron promesas de abstinencia las rompieron en un año. De treinta y nueve por ciento que dijo no haber roto sus promesas, más de la mitad reveló la práctica del acto sexual oral»[2].

Según las jóvenes con las que hablamos, la mayoría no crece con la intención de entregar su virginidad antes del matrimonio, entonces, ¿qué sucede a lo largo del camino que hace que una joven entregue este precioso regalo? O incluso si se las arregla para proteger su virginidad física, ¿qué hace que una joven se involucre en otros comportamientos sexuales, como el acto sexual oral o la masturbación mutua? Es probable que no solo no haya podido proteger su mente y su corazón, sino que no protegió su cuerpo teniendo límites seguros en su lugar.

VÍCTIMAS DE LA RELACIÓN SEXUAL OCASIONAL

Tal vez supongas que las jóvenes ceden a varias actividades sexuales porque están muy enredadas en una relación seria y comprometida y piensan: *De todas formas nos vamos a casar*. Sin embargo, este no es el razonamiento que hay detrás de muchos de los encuentros sexuales de la actualidad. Desde la revolución sexual de los años 70 y 80, muchas personas tienen relaciones sexuales con alguien con el que no tienen una relación comprometida e incluso con alguien que apenas conocen. Durante las últimas décadas, muchos han pasado a ver el acto sexual como una actividad extracurricular, solo otro pasatiempo agradable. Muchas jóvenes nos dicen que ahora es popular «salir y engancharse», tener «amigos con beneficios» o ser «amigos físicos». En otras palabras, el acto sexual sin ningún compromiso expresado o esperado. Se conocen, se aparean y se desentienden y buscan el siguiente «enganche».

En un artículo de *USA Today* sobre la relación sexual ocasional, Mary Beth Marklein informó acerca de esta moda. En su artículo incluyó la siguiente cita, escrita por Natalie Krinsky, estudiante de la universidad de Yale, el 1 de noviembre de 2002, para una columna del periódico *Yale Daily News* titulada «Sex and the (Elm) City»:

> Durante los primeros cinco minutos en los que conocen a un hombre, las mujeres saben si se van a enganchar con él o no. Sin embargo [...] las mujeres no quieren que el hombre sepa que se engancharán hasta que él lo haga [...] Después de un enganche los hombres tienen la tendencia de ponerse ambiguos [te obvian]. Es su venganza. ¿Quieren volver a engancharse? No se sabe. ¿Quieren volver a salir? No se sabe. ¿Son heterosexuales? No se sabe. ¿Su nombre? No se sabe[3].

No supongas que solo los no cristianos se involucran en acto sexual sin compromisos. Conocemos a muchas personas que te dirían lo contrario y Keila es una de ellas. No tenía intención de engancharse con nadie la noche que fue a una fiesta en la playa con unos amigos; pero eso fue antes de ver a un chico precioso. Keila dice:

> Era todo lo que había soñado: apuesto, fornido y especial. Terminó llevándome en el auto esa noche, y cuando me invitó a pasar a su casa, acepté la invitación. Hablamos durante unos minutos y comenzamos a besarnos. Luego empezamos a frotarnos el uno contra el otro, chocando nuestros cuerpos y contoneándonos como si tuviéramos relaciones sexuales con la ropa puesta. En cuestión de minutos, nos quitamos la ropa y le entregaba mi virginidad a un chico que había conocido unas horas antes. No sé por qué no lo detuve. Todo sucedió tan rápido que en realidad no tuve tiempo para pensarlo.

Como descubrió Keila, un chico que al principio te mueve el mundo puede dejarte vacilante si no tienes límites físicos firmes en su lugar. Nicole es otra joven que conocemos cuyo mundo quedó vacilante, no por una relación, sino por muchas relaciones sexuales. Admite:

> Desde que tenía quince años tuve varias relaciones aquí y allá, pero la mayoría de las veces eran «amigos con beneficios». Me gustaba darles besos a los chicos y besarme con ellos, pero por supuesto que ellos también querían tener relaciones sexuales, así que en general les seguía la corriente. Calculaba que tenía que darle a estos chicos lo que querían si yo iba a obtener lo que quería.
>
> Luego de un tiempo, me hice adicta a engancharme con chicos. Todas las semanas iba a un juego de fútbol o a una fiesta, veía a alguien atractivo y me iba a hacer tonterías con él, en general regalándole el acto sexual oral como si fuera una golosina o algo así. No me importaba si lo conocía.

> En realidad, era mejor si no lo conocía porque no tenía que preocuparme por sentirme incómoda, ni por futuros compromisos. Tuve problemas que vinieron por esta falta de buen juicio: luché con la depresión, el enojo, los celos, la desconfianza en mí misma y sentí que no valía nada. Comencé a odiarme y a considerar el suicidio como una salida.

Por fortuna, Dios proporcionó un camino mejor para Nicole y para Keila. Las dos se inscribieron en una clase de *Women at the Well* en *Teen Mania* (www.teenmania.org) y llegaron a la raíz de la causa de haber entrado en comportamientos tan enfermizos. En la actualidad, viven vidas ejemplares de integridad sexual y están determinadas a darle un giro a su generación, de vuelta a Dios y a un comportamiento sexual honroso.

UN CURSO RÁPIDO DE PREPARACIÓN PARA LA UNIVERSIDAD

Tienes que estar preparada. La relación sexual ocasional es tan común en los campus de las universidades como los libros de texto. Cuando dejes el hogar de tus padres y te vayas a la universidad a vivir por tu cuenta, lo más probable es que te enfrentes a intensas tentaciones sexuales y es mejor que tengas algunos límites firmes en su lugar.

La estudiante de la universidad de Boston, Anna Schleelein, nos pinta una imagen vívida de las tentaciones sexuales que enfrentan los jóvenes en el estilo de vida de las residencias de estudiantes:

> La universidad está arruinada. No es la vida real. Tomaron a seis mil de nosotros, que estamos en el apogeo sexual, y nos apretujaron en habitaciones de residencias estudiantiles en las que no hay lugar para sentarse excepto en la cama. Miembros del sexo opuesto, o del mismo sexo, por supuesto, están solo a un tramo de escaleras de distancia y a menudo justo en la habitación de al lado[4].

Sin embargo, muchos jóvenes *viven* con integridad, así que ni por un minuto pienses que es imposible hacerlo. Es solo cuestión de proteger tu mente y tu corazón, y de establecer límites físicos firmes. Es más, la vida de acuerdo a estos límites durante la escuela secundaria y el instituto es la mejor manera de prepararte para esos años tentadores de la universidad y la adultez.

Antes de seguir, démosle un vistazo a lo que el manual de mejores instrucciones para la vida tiene que decir sobre la relación sexual ocasional.

Busca en las Escrituras

¿Cómo crees que responde Dios a comportamientos tales como amistades con beneficios y enganches sexuales? Démosle un largo y detenido vistazo a varios versículos a fin de dominar el punto de vista de Dios sobre este tipo de actividad sexual.

> Por eso Dios los entregó a los malos deseos de sus corazones, que conducen a la impureza sexual, de modo que degradaron sus cuerpos los unos con los otros. Cambiaron la verdad de Dios por la mentira, adorando y sirviendo a los seres creados antes que al Creador [...]
>
> Por tanto, Dios los entregó a pasiones vergonzosas. En efecto, las mujeres cambiaron las relaciones naturales por las que van contra la naturaleza. Así mismo los hombres dejaron las relaciones naturales con la mujer y se encendieron en pasiones lujuriosas los unos con los otros. Hombres con hombres cometieron actos indecentes, y en sí mismos recibieron el castigo que merecía su perversión. (Romanos 1:24-27)

Según lo que dice este pasaje, es evidente que la relación sexual ocasional no pertenece al campo de lo que Dios considera honroso. Fíjate que Dios no interviene y dice: «¡Eh, no pueden hacer esto!». Le da a la gente la libertad de tomar sus propias decisiones sexuales (véase el versículo 24), pero esas decisiones sexuales también traen consecuencias (véase el versículo 27). La moraleja de esta historia es que si quieres consecuencias saludables, tienes que tomar decisiones sexuales saludables ahora. Miremos otro pasaje.

> La voluntad de Dios es que sean santificados; que se aparten de la inmoralidad sexual; que cada uno aprenda a controlar su propio cuerpo de una manera santa y honrosa, sin dejarse llevar por los malos deseos como hacen los paganos, que no conocen a Dios; y que nadie perjudique a su hermano ni se aproveche de él en este asunto. El Señor castiga todo esto, como ya les hemos dicho y advertido. Dios no nos llamó a la impureza sino a la santidad; por tanto, el que rechaza estas instrucciones no rechaza a un hombre sino a Dios, quien les da a ustedes su Espíritu Santo. (1 Tesalonicenses 4:3-8)

¿Entendiste la última parte? Cuando rechazamos las instrucciones de Dios acerca de evitar la inmoralidad sexual, rechazamos a Dios mismo. La relación sexual ocasional flota delante del rostro de Dios y crea un olor fétido para su nariz. Son palabras duras, pero no vamos a aguar lo que dicen las Escrituras para que nadie se sienta mejor en cuanto a la inmoralidad sexual. Es importante que entiendas con claridad lo que Dios piensa sobre la actividad sexual fuera del matrimonio (no solo el acto sexual, sino todas las actividades relacionadas a lo sexual, como el acto sexual oral, el acto sexual anal, la masturbación mutua y el lesbianismo) a fin de que elijas un camino diferente del que eligen muchos de tus pares. Mi coautor y yo oramos para que decidas

- establecer y mantener limites físicos saludables, que honren a Dios;
- vivir de acuerdo al plan perfecto de Dios de guardar la intimidad sexual para el matrimonio; y
- disfrutar del *mejor* acto sexual posible: una mujer con un hombre durante toda la vida dentro de la relación matrimonial.

Así que, ¿cómo serían los buenos límites en las relaciones superficiales? Empecemos desde el principio: cuando ves a alguien por primera vez, y sigamos desde allí. Recuerda que estos son límites físicos para relaciones superficiales, así que aquí trataremos las amistades y en el próximo capítulo hablaremos de los límites para las relaciones comprometidas (de noviazgo).

LOS AMIGOS NO DEJAN QUE LOS AMIGOS CRUCEN LA LÍNEA

Una vez que dejan de ser conocidos y se consideran amigos, puedes sentirte tentada a cruzar las líneas de los límites físicos que quizá pongan en peligro tu habilidad (o la de él) para mantener el buen juicio. A fin de evitar que esto sea un problema en tus relaciones superficiales, piensa en la naturaleza de la amistad. Los amigos hablan, se ríen juntos, se cuidan y más, pero no se desviven para hacer que el otro lo mire o para excitarse mutuamente. Se preocupan por proteger la mente, el corazón, el cuerpo y el alma del otro y hacen sacrificios para evitar ser la causa de que el otro tropiece y caiga en situaciones comprometedoras.

A menudo vemos a jovencitas cruzar la línea en la manera en que abrazan a sus amigos varones. Aunque puedes darle a un chico un abrazo alrededor del cuello o una palmada en la espalda, es inadecuado presionar tus pechos contra su cuerpo y actuar como si fueras a luchar con pasión y derribarlo al suelo. Este tipo de abrazo hace que comience a fluir el combustible sexual de los chicos. Considera quedarte con los «abrazos de costado», en donde te acercas a los chicos y les das una palmada en la espalda mientras estás parada a su lado. O quizá puedes darle un abrazo en «forma de A», extendiéndote con tu cuerpo y abrazando el cuello de la otra persona con tus brazos, sin dar la impresión e que intentas presionar todo tu cuerpo contra el suyo para excitarlo de forma sexual.

También vemos a muchas jóvenes sentadas en el regazo de los chicos solo porque es bonito o porque «¡no hay suficientes asientos!». Antes de sentarte en el regazo de un chico, considera lo siguiente: Cuando lo haces, tu área genital esta justo encima de su área genital, lo cual es muy excitante para él, aunque para ti solo sea «sentarte en su regazo». Además, tus pechos están justo delante de sus ojos y no puede evitar verlos. Si la habitación está demasiado llena de gente, siéntate en el suelo en lugar de usar las piernas de un chico como tu trono. También abstente de acostarte al lado de un chico al estilo sardina, o de ponerle las piernas encima porque esto también puede excitarlo mucho. Si quieres tocar a un amigo con afecto, dale un apretón suave en el brazo, una palmada en la espalda, o uno de esos abrazos de costado de los que hablamos.

Tus pechos, tus caderas, tus muslos y tu área genital tienen que estar en la zona prohibida para cualquier tipo de toque, agarre, pellizco, palmada, etc., aunque sea en broma. No permitas que nadie te toque ninguna parte del cuerpo, ya sea a través de la ropa ni por debajo de ella, que un traje de baño modesto o pantalones cortos cubrirían por lo general.

En verdad puedes añadir cosas a esta lista de límites como una manera de proteger tu cuerpo de las concesiones sexuales con conocidos y amigos. Deja que la sabiduría te guíe y siempre usa el buen juicio. Si sientes que algo no está bien, es probable que no lo esté. Confía en tus instintos y mantén una distancia segura en tus relaciones superficiales. Si haces esto, te protegerás y protegerás a los chicos que te rodean, dándoles el ejemplo a tus amigas y honrando a Dios y a tu futuro esposo con tu cuerpo.

> *Huyan de la inmoralidad sexual. Todos los demás pecados que una [mujer] comete quedan fuera de su cuerpo; pero [la] que comete inmoralidades sexuales peca contra su propio cuerpo. ¿Acaso no saben que su cuerpo es templo del Espíritu Santo, quien está en ustedes y al que han recibido de parte de Dios? Ustedes no son sus [propias dueñas]; fueron [compradas] por un precio. Por tanto, honren con su cuerpo a Dios.*
>
> *1 Corintios 6:18-20*

«¡Pero estamos enamorados!»

Fuerte es el amor, como la muerte, y tenaz la pasión, como el sepulcro. Como llama divina es el fuego ardiente del amor.

CANTARES 8:6

Antes señalamos que el fuego tiene tanto beneficios como peligros, pero considera esta pregunta: ¿Cuál es la diferencia entre el fuego seguro en una chimenea y el fuego arrasador en la ladera de una montaña? Uno tiene límites firmes, el otro no tiene ningún límite. Lo mismo sucede con la relación con tu novio. Si tienen límites firmes y no dejan que nadie los cruce, su noviazgo puede ser romántico y placentero. De modo que sin límites firmes, su relación de noviazgo pronto puede transformarse en algo peligroso y destructivo al encontrar que llegan mucho más allá de donde tenían intenciones de llegar[1]. Andrea, Leslie y Carla aprendieron esto de primera mano.

LECCIONES APRENDIDAS A LA FUERZA

Andrea puede testificar que si no estableces límites saludables temprano en una relación de noviazgo, puedes enviarle a tu novio el mensaje equivocado y encontrarte en un lugar en el que no quieres estar.

Debido a la manera en que coqueteaba con mi novio durante nuestra relación, lo excitaba sexualmente y nuestra relación

> consistía de largas sesiones de besuqueos. Cuanto más lo hacía, más fácil se hacía justificarlo. Pensaba que todos hacen cosas así y que él en verdad debía amarme y preocuparse por mí para querer besarme tanto.
>
> Un día estábamos jugando al ping-pong y la pelota rebotó y cayó en un almacén oscuro. Cuando los dos fuimos a buscarla, él cerro la puerta, se quitó los pantalones y comenzó a intentar desabrochar el mío con torpeza. Me preguntaba qué le hacía pensar que tendría relaciones sexuales con él, ¡sobre todo en un almacén! Retrocedí y le dije que no estaba lista para tomar ese camino.

Leslie dice que tenía planes de ser virgen hasta el casamiento y que su padre le dio un anillo de pureza como símbolo de ese compromiso. Sin embargo, ese sueño se desvaneció en el recuerdo una vez que ella y su novio comenzaron a tener relaciones sexuales. Leslie dice:

> Aunque los dos estábamos comprometidos con la pureza, una vez que comenzamos a besarnos con la lengua, ¡mis emociones y mis hormonas comenzaron a volar! Teníamos relaciones sexuales, nos sentíamos mal al respecto, le pedíamos perdón a Dios, nos manteníamos puros durante una semana y luego volvíamos a caer en el mismo pecado. Al final rompimos cuando me mudé para realizar una pasantía, pero el secreto de mi pecado todavía supuraba en mi corazón. Me sentaba allí en mis ratos libres, mirando al vacío, sin poder escuchar al Señor en absoluto.
>
> Sabía que tenía que restaurar las cosas y confesar mi pecado. Entre sollozos, llamé a mi papá para decirle que le enviaría mi anillo de la pureza porque no había podido mantener mi promesa. Me dejó anonadada cuando me respondió: «Leslie, mantén ese anillo en tu dedo porque te doy una segunda oportunidad y confío en que esta vez llegarás hasta el final». Sé que Dios estaba usando a

> mi papá para mostrarme su amor. Confesar mi pecado a mis padres es una de las cosas más difíciles que he hecho en mi vida, pero sabía que era necesario para sentir una completa restauración. Desde aquí en adelante, no voy a excitar a un chico para ir más lejos de lo que quiero, ni para hacer algo que no quisiera que supieran mis padres o Dios.

Admiramos a Leslie por la valentía de confesarles a sus padres y por la determinación de aprender de sus errores y de seguir adelante con mejores límites. ¡Así se hace, Leslie1 ¡Sigue adelante, chica!

Como descubrieron Leslie y su novio, la pasión sexual aumenta enseguida. Si no tienes límites firmes en la relación con tu novio, tienes que saber que nunca es demasiado tarde para retroceder y establecerlos. No dejes que la culpa te mantenga en un lugar inseguro. Solo aprende de tus errores y mantén mejores límites en el futuro.

La confusión de Carla sobre la línea entre las actividades físicas seguras e inseguras la llevó a hacer cosas que lamenta. Sin embargo, no permitirá que eso haga que no pueda establecer mejores límites en relaciones futuras. Nos dice lo siguiente:

> Comencé a leer *La batalla de cada hombre joven* y mi impresión fue: «¡Caramba!». La frase clave que me quedó grabada es: *Está claro que acariciar un pecho es estimulación erótica previa al acto sexual.* Vaya, eso me pegó como una bala. Le había dejado a mi novio hacer eso y no me imaginaba nada por el estilo. Más adelante, cuando salía con un chico diferente, llegué hasta allí e incluso más lejos. Lo dejé no solo tocarme los pechos, sino mi área genital, lo cual era algo que juré que nunca haría. Me he castigado mucho por dejar que eso sucediera. Terminé todo su libro anoche y entiendo de una manera nueva a los chicos y sé que necesito mejores límites en mis relaciones. Ahora si un chico dice: «¡No puedo evitar ser como soy! ¡No puedo controlarlo!», puedo decirle: «Sí, ¡*puedes* controlarlo!».

También voy a controlarme. Ya no voy a involucrarme en la «estimulación erótica».

Si has llegado demasiado lejos, ya sea que lo hayas hecho a propósito o por accidente, también puedes comenzar de nuevo. No te concentres en los fracasos del pasado. Dios es misericordioso y quiere atraerte de nuevo a una relación de amor con Él sin importar cuán lejos hayas ido por el camino equivocado. Pídele perdón y que te guíe por un mejor camino. Jesucristo murió para darte una hoja en blanco en donde empezar: un regalo gratis para que te apropies de él. Solo concéntrate en tus logros futuros mientras experimentas cómo el Espíritu Santo te da la fuerza para vivir una vida de integridad sexual.

Este es el tiempo para establecer confianza

Cada vez que eliges besar con pasión o tocar a un chico en una forma sexual, le envías el mensaje de que puede tratarte como su pequeño juguete. Cada vez que te aferras a tus límites, le enseñas que eres una joven íntegra a la que vale la pena esperar. Si es tan impaciente y no puede esperar hasta el matrimonio, *él es* un riesgoso potencial como esposo. Si tú eres tan impaciente como para esperar hasta el matrimonio, estás aprendiendo patrones que también te hacen un potencial riesgoso como esposa. Tu deseo es poder tener confianza mutua sin reservas, y el noviazgo es una etapa en la que te ganas esa confianza. Él probará ser un joven de integridad y un buen candidato comprometido para un matrimonio de por vida, o probará ser un hombre egoísta de concesiones que quizá no sería capaz de controlar sus pasiones sexuales incluso con una alianza de bodas en el dedo.

También tú probarás ser una cosa o la otra. ¿Qué vas a elegir?

¿Hasta dónde podemos llegar si somos «novios»?

Si tienes novio, es probable que quieras saber la respuesta a una de las preguntas más comunes que recibimos de las parejas de novios: «¿Hasta dónde *podemos* llegar?». Por supuesto, nadie dice que con un novio *tienes* que llegar más lejos que lo que llegas con un amigo. Puedes tener una relación maravillosa que solo consista en hablar, conocerse, pasar tiempo con la familia del otro, ir a lugares divertidos, hacer cosas lindas juntos y disfrutar la vida como novios.

> «Puede ser que no esté a la moda ni que sea popular si digo que quiero guardar el acto sexual hasta el matrimonio en un mundo donde la virginidad se considera como un poco más que una papa caliente de la que muchos quieren deshacerse. Aun así, igual lo digo porque sé que hay muchos chicos que quieren lo mismo ahí afuera».
>
> WALTER

A fin de determinar cómo serían los límites seguros y saludables para el noviazgo, retomemos el asunto donde lo dejamos en el último capítulo. Cuando una pareja pasa de ser «amigos» a «salir» como pareja exclusiva, es importante que vayan despacio en el aspecto físico de la relación de modo que no galopen a ciegas hacia situaciones que los tienten de forma sexual. Desde luego, suponemos que los chicos de la pareja han sido amigos lo suficiente como para conocer en verdad el carácter del otro (recomendamos por lo menos un año) y que sus padres aprueban la relación. También suponemos que a esta altura del libro entiendes que no es aceptable tocar ninguna parte privada del cuerpo en relaciones prematrimoniales, ya sea que esto implique acto sexual oral, anal, vaginal, masturbación mutua, bailar contoneándose, estimulación de pechos, o cualquier otra actividad erótica que casi nunca harías si te observaran tus padres. Quizá parezca extraño imaginarse este límite, ¡pero da resultados!

Entonces hablemos más sobre los diferentes niveles de intimidad física en las relaciones románticas, a fin de que puedas establecer algunos límites prudentes que te ayuden a proteger tu cuerpo en la batalla de la integridad sexual. Los límites prudentes también te darán la confianza y la libertad de disfrutar de esta relación especial sin tener que temer a las tentaciones extremas o a las concesiones sexuales.

La intimidad de la mano (o del brazo)

Este nivel de intimidad física consiste en tomarse de la mano o caminar tomados del brazo. Cuando caminan tomados de la mano o del brazo con un chico, es una señal segura de que son más que amigos. Las dos acciones simbolizan que optan por viajar juntos durante esta etapa de la vida y que no se avergüenzan de lo que sienten el uno por el otro.

Es probable que en este nivel de intimidad te acompaña por el campus, con los libros debajo de un brazo y con el otro brazo alrededor de tu cintura o sosteniendo tu mano, o quizá te abra la puerta y te conduzca con suavidad con la mano en el medio de tu espalda. Otra vez, esto es aceptable, siempre y cuando te sientas cómoda con este nivel de intimidad.

La intimidad cara a cara

Cuanto más cerca y cómoda te sientas con alguien, será natural que quieras estar donde está esa persona. A menudo, esta postura más cercana a lo normal toma la forma de la intimidad cara a cara. Mientras que cuando eran conocidos o amigos se paraban tal vez a casi un metro de distancia, al ser novios es natural que se paren mas cerca y que pasen más tiempo cara a cara.

En este nivel de intimidad, es una buena idea hablar con tu novio sobre tu preferencia con respecto a los besos antes del matrimonio. Algunos de tus pares se comprometen a guardar los besos para su futuro cónyuge y no quieren que alguien les «robe» su primer beso, ni cualquier otro beso. Si lo consideras así, es justo que le adviertas para que no cruce este límite. También puedes preguntarle si él cree lo mismo a fin de que tampoco lo prives de este precioso regalo.

Si ninguno de los dos tiene la convicción de guardar los besos hasta el matrimonio, recomendamos que eviten besarse durante largos períodos (más de tres segundos). También recomendamos que eviten de plano la intimidad «lengua a lengua» (besos de lengua). ¡Los besos profundos y apasionados son una manera infalible de hacer que fluya tu combustible sexual! También tienes que saber que algunas enfermedades de transmisión sexual, como el herpes, pueden transmitirse por contacto oral o por intercambio de saliva, lo cual es otra razón para guardar no solo tu cuerpo, sino tu boca hasta el matrimonio algún día.

ESCUCHA TU RADAR

Si en algún momento percibes que se activa una alarma del radar de tu espíritu y dice: *¡PELIGRO! ¡Esto no está bien!*, escúchala. No hagas oídos sordos cuando tu mente o tu corazón te digan que aminores la marcha. Deja que tu conciencia te guíe. Dios puso ese radar ahí. Tal vez lo obviaste en el pasado, pero puedes aprender a estar atenta y escucharlo otra vez. Si las cosas se acercan demasiado a la concesión, deja que ese radar te guíe y resiste hacer las cosas que te hagan sentir incómoda o que creas que no son buenas. Si pasas por alto estas advertencias, es posible que te insensibilices a ellas cuando te alerten acerca de peligros reales. No obstante, si te sometes a tu radar y lo dejas que te guíe, te mantendrá segura.

Cuando tu radar comience a obtener tu atención, solo sonríe y dile a tu novio: «Preferiría que no hicieras eso, ¿está bien?». No tienes por qué ofender, solo invítalo a que apoye tus límites. Si sigue presionando tus límites e intentando que hagas cosas con las que no estás cómoda, ponte a la ofensiva si es necesario. Dile que si no puede respetarte, no puede pasar tiempo contigo. Recuerda, nadie puede proteger tu cuerpo y tu pureza sexual. Ese es tu trabajo.

VALE LA PENA ESPERAR

¿Cuánto tiempo quieres vivir? ¿Mucho tiempo? Digamos que planeas vivir hasta los noventa años. Imagina tu vida de noventa años como una línea de tiempo, parecida a las que aprendiste en la clase de matemática. La tuya quizá se parezca a esta:

0 5 10 15 20 25 30 35 40 45 50 55 60 65 70 75 80 85 90

Ahora coloca una *X* en el número que representa tu edad actual. Luego coloca una *X* en el número que representa la edad que quisieras tener cuando te cases. Ahora da un paso atrás y mira la perspectiva general de esta línea de tiempo. Aunque parezca que falta un millón de años antes de que Dios te permita disfrutar de la relación sexual, ¿cuánto falta en comparación con el resto de tu vida? Cuando puedas entrar al matrimonio sin un bagaje emocional, sin enfermedades de transmisión sexual, sin embarazos no planeados y sin otros síntomas de concesión, aumentarás tu habilidad para disfrutar de la relación sexual con tu esposo durante muchísimos años.

Para darte una idea de cuánto vale la pena esperar por la relación sexual, quisiéramos darte un pasaje de *The Mystery of Marriage* de Mike Mason:

> ¿Qué momento de la vida del hombre puede compararse con el de la noche de bodas, cuando una hermosa mujer se quita toda la ropa y se acuesta a su lado en la cama, y esa mujer es su esposa? ¿Qué puede compararse con la sorpresa de enterarse de que la única cosa por sobre todas las otras que la humanidad arrastró por el polvo [con toda creatividad] es en realidad la cosa más inocente del mundo? ¿Hay alguna otra actividad que puedan hacer un hombre y una mujer adultos juntos (aparte de la adoración) que sea más ingenua, limpia y pura, más natural, saludable y que sin lugar a dudas esté bien, que el acto de hacer el amor? Porque si la adoración es la forma más profunda que existe de comunión con Dios [...]

la relación sexual es sin duda la comunión más profunda posible entre seres humanos[2].

Sí, Dios quiere que tengas una vida sexual fantástica por completo y que sea algo que los una a ti y a tu esposo como un súper pegamento. Si estableces y mantienes límites físicos saludables en tus relaciones prematrimoniales, tendrás la libertad de disfrutar la maravilla de la relación sexual en tu noche de bodas, y por el resto de tu vida, sin reproches.

Tengan todos en alta estima el matrimonio y la fidelidad conyugal.

Hebreos 13:4

SÉPTIMA PARTE

Busca amor en los lugares adecuados

23

Cuando el tiempo es adecuado para el Sr. Adecuado

Las muchas aguas no podrán apagar el amor,
ni lo ahogarán los ríos.

CANTARES 8:7, RV-60

El amor. Se han escrito más canciones, obras de teatro y libros acerca del amor que de ningún otro tema en la historia. Es más embriagante que la rosa más fragante, que el mejor de los vinos o que la más deliciosa comida. No hay palabras para describir con precisión lo potencialmente doloroso que puede ser el amor y por eso es tan importante que no te apures a amar. Este libro no estaría completo si no respondiéramos preguntas sobre el amor:

- ¿Cuándo es el momento adecuado para el amor?
- ¿Cómo sé si es el Sr. Adecuado?
- ¿Cómo sé si en verdad es amor?
- ¿Cómo puedo proteger el amor una vez que lo encuentro?

¿CUÁNDO ES EL MOMENTO ADECUADO PARA EL AMOR?

Cada mujer tiene su propia y única línea de tiempo cuando se trata de encontrar al Sr. Adecuado, pero la mayoría atraviesa cuatro épocas:

1. La época de la exploración
2. La época de la consideración

3. La época del compromiso
4. La época de la consolidación

La época de la exploración comienza cuando te empiezan a atraer los chicos, en general entre los diez y los dieciséis años, y dura hasta que estés lista para considerar una relación comprometida si el chico adecuado llega en el momento adecuado. Durante este tiempo divertido conoces a diferentes jóvenes como amigos para descubrir qué te gustaría o qué no te gustaría en un futuro compañero.

Por ejemplo, te das cuenta de que Benjamín te vuelve loca con su actitud tan seria, pero Emilio hace que tú y tus amigas se rían a carcajadas porque es *muy cómico*, y te das cuenta de que te gustaría que el Sr. Adecuado tuviera un buen sentido del humor. O quizá notaste que al parecer Jared tiene una novia diferente todas las semanas y decides que quieres estar con un chico que demuestre el deseo y la habilidad de tomar un compromiso a largo plazo y de permanecer fiel. Te vas dando una idea.

Usa este tiempo para explorar la personalidad y los rasgos de carácter de otras personas a fin de que logres formar tus propias opiniones sobre qué tipo de persona te gustaría tener al lado cada mañana al despertar. La duración de esta época varía de persona a persona. Puede comenzar temprano en la escuela primaria con el primer niño que te atrae y se puede extender hasta la adultez mientras continúas contemplando relaciones con amigos interesantes hasta que sabes qué tipo de chico te gustaría tener como esposo. Sin embargo, cuando al final estás lista para considerar una relación seria con el chico adecuado, si es que aparece en el momento adecuado, esta época comienza a cambiar.

Durante la época de consideración comienzas a buscar al Sr. Adecuado a conciencia porque sabes lo que buscas en un compañero y sientes que estás lista para encontrar un compañero para casarte. A través del proceso de eliminación, descartarás a ciertos jóvenes que no cumplen tus criterios, por la razón que sea. Durante esta época es probable que salgas en citas individuales o grupales a fin de seguir conociendo a un joven que consideres que tiene potencial para una relación seria: No tiene fallas serias de carácter, al parecer encaja en tu molde y le resulta grato a tus amigos y a tu familia. Pasas tiempo conociendo a esta persona, por teléfono y mediante cartas y correos electrónicos. Mientras tanto te preguntas: «¿Será *este* el Sr. Adecuado?».

Cuando llegas a conocer a un joven lo suficiente como para apreciarlo como amigo y amarlo como a un novio, y cuando decides que es un buen partido para ti, entras en la próxima etapa.

En la época del compromiso se elevan las emociones, se acentúan las esperanzas y en tu mente se arremolinan sueños para tu matrimonio y quizá una futura familia. Ah, de seguro, es probable que hayas estado soñando con el casamiento y la maternidad desde antes de este tiempo, pero hasta este momento tu novio potencial tenía una cara en blanco en estas saludables fantasías. Ahora la cara en la fantasía de la boda se enfoca y te llena de alegría haber resuelto el misterio de la verdadera identidad del Sr. Adecuado.

La época de la consolidación es la de tu matrimonio. Hiciste un voto de dejar a tu madre y a tu padre, y de serle fiel solo a tu esposo por el resto de tu vida. Prometes amarlo en momentos de enfermedad y de salud, de riqueza y de pobreza, a través de tiempos buenos y malos. Sin vergüenza, le ofreces tu cuerpo y te haces una sola carne con el Sr. Adecuado.

Antes de pasar a la siguiente pregunta, aquí tienes una pequeña advertencia: Las relaciones de noviazgo demasiado largas aumentan la tentación sexual y no las recomendamos. Por eso decimos a cada momento que el tiempo es tu amigo: no corras hacia una relación comprometida. Recuerda que si galopas a través de las épocas de exploración y consideración cuando tienes trece o catorce años, tendrás por lo menos unos cinco años antes de que puedas comprometerte de por vida con alguien. Es demasiado tiempo para estar con una persona y, aun así, proteger tu mente, tu corazón y tu cuerpo contra las concesiones sexuales. Por eso recomendamos que esperes por lo menos hasta el último año del instituto antes de comprometerte con un chico como su novia. Luego si te das cuenta de que encontraste al Sr. Adecuado, esperar uno o dos años no será tan difícil como tener que esperar cuatro o cinco. Usa este tiempo para conocerte y para conocer qué cualidades quieres en un futuro esposo. De esta manera es mucho más probable que elijas a alguien que sea un buen partido para ti.

¿CÓMO SÉ SI ES EL SR. ADECUADO?

¿Dios tiene un solo chico para ti? ¿Solo un hombre puede ser tu alma gemela? Por supuesto que no. Dios no esconde con crueldad al Sr. Adecuado en algún lugar del planeta y te dice: «Bueno, ¡ahora tienes que encontrarlo!». Muchos jóvenes podrían considerarse como tu Sr. Adecuado, pero tú decides con cuál quieres comprometerte. No obstante, incluso si no tomas una decisión sabia y te casas con el Sr. Inadecuado, cuando recitas tus votos matrimoniales se transforma de forma automática en tu Sr. Adecuado. Es la voluntad de Dios que seas una esposa comprometida para este hombre, a través de los tiempos buenos y malos, sin importar las fallas de carácter que puedan salir a la superficie a lo largo del camino. Si eres sabia, disfrutarás la época de exploración por muchos años a fin de lograr discernir en verdad cuál es el mejor partido para ti.

¿Cómo es un buen compañero en potencia? Mientras que algunos dirían «alto, trigueño y atractivo», te recomendamos que consideres estas cinco cosas:

1. *Madurez espiritual y carácter a la imagen de Cristo*: ¿Ama a Dios? ¿Asiste a la iglesia? ¿Adora y testifica de su fe sin vergüenza? ¿Sirve a otros con amabilidad, en especial a su familia inmediata? ¿Demuestra el fruto del Espíritu Santo: amor, alegría, paz, paciencia, amabilidad, bondad, fidelidad, humildad y dominio propio? Si va a ser el líder espiritual de tu casa algún día, la madurez espiritual tiene que ser una prioridad en tu lista de deseos.

2. *Un trasfondo familiar fuerte* (o al menos el deseo de desarrollar uno). Recuerda, no solo te casas con él, te casas con toda su familia. Aunque tal vez no disfrutes pasar tiempo con sus padres y hermanos tanto como con él, en el futuro pasarás muchos días festivos y vacaciones familiares con esta gente.

   Aunque sería ideal si viniera de un hogar en el que los dos padres sean cristianos comprometidos y saludables, una persona que viene de un hogar roto o de un hogar no cristiano también puede ser un buen compañero. No obstante, si sabes que proviene de una familia disfuncional (y todas nuestras familias son un poco disfuncionales), tienes que invertir tiempo extra en conocerlo para ver si entiende cómo tener una relación saludable. Asegúrate de que esté comprometido a ser el mejor esposo y padre posible, a pesar de los malos ejemplos que haya tenido. (De paso, si provienes de un hogar roto o de una familia disfuncional, es posible que no elijas bien en cuanto a relaciones románticas a menos que busques sanarte de tus propias heridas de la infancia. Pasa tiempo extra desarrollando buenas amistades íntimas con chicos y chicas y aprende a relacionarte en formas saludables antes de comprometerte en una relación seria).

3. *Responsabilidad financiera.* Si va a ser el sostén económico para ti y tus hijos algún día, necesita saber cómo ganar dinero, cómo administrarlo y cómo ahorrarlo. Si no tiene una cuenta de ahorro ni diez centavos ahorrados, es posible que sea el Sr. No Adecuado Ahora. Asegúrate de que organice su situación financiera antes de comprometerte con él.

4. *Visión de futuro.* Busca a alguien que tenga una idea general del plan de Dios para su vida, que sepa lo que quiere hacer y a dónde quiere ir, y que tenga un plan lógico a fin de alcanzar estas metas. También tienes que estar segura

de que su visión sea compatible con la tuya. Si te transformas en su esposa, prometerás ayudarlo e ir a donde sea que lo guíe Dios. Aunque sus intereses quizá varíen en gran manera, en general es necesario que vayan en la misma dirección. No seas de las muchas personas que se casan tan temprano en la vida que no saben lo que quieren para su futuro. Cuando lo resuelven, a menudo va en contra de lo que quiere hacer su cónyuge. Cuando esto sucede, uno de los dos tiene que sacrificar sus sueños o se distancia mientras envejece.

5. *Atractivo físico.* Fíjate que esto es lo último de nuestra lista, pero aun así aparece. Aunque no importa para nada que tu Sr. Adecuado se parezca a algún deportista o a algún famoso, es vital que te atraiga su físico. Incluso si ama a Dios, tiene relaciones familiares fuertes, maneja el dinero de maravillas y tiene un futuro prometedor, si no le encuentras atractivo físico, *no te cases con él.* Esto puede parecer frío, pero no querrás darle tu cuerpo con frecuencia a un hombre que no te parece que tenga atractivo físico, y no es ni sabio ni amoroso casarte con él si te sientes de esta manera. A decir verdad, es de una crueldad total y absoluta. ¿No te sentirías devastada si descubrieras que a tu esposo no le atrae tu físico? Un chico se sentiría de la misma manera.

¿CÓMO SÉ SI EN VERDAD ES AMOR?

Esta pregunta refleja la falsa creencia de que el amor es un sentimiento. La mayoría de las parejas casadas te dirá que algunos días se «sienten» enamorados de verdad y otros días no se sienten así en lo absoluto. Los sentimientos son inconstantes, pero el amor no es un sentimiento. El amor es un compromiso. Así que si quieres saber si en realidad amas a un chico en particular, pregúntate: «¿Estoy comprometida de verdad con esta persona?». Si no es así o si tu compromiso es condicional, no lo amas. Si estás comprometida a amar a esta persona de manera incondicional, incluso en los días en que te resulta difícil, sí es amor.

Pablo escribió sobre el verdadero amor en 1 Corintios 13:4-8:

> El amor es paciente, es bondadoso. El amor no es envidioso ni jactancioso ni orgulloso. No se comporta con rudeza, no es egoísta, no se enoja fácilmente, no guarda rencor. El amor no se deleita en la maldad sino que se regocija con la verdad. Todo lo disculpa, todo lo cree, todo lo espera, todo lo soporta. El amor jamás se extingue.

Ten la seguridad de que un chico te ama si su amor pasa la prueba del tiempo y de forma coherente te trata con dignidad, respeta tus límites, te protege, confía en ti y siempre quiere lo mejor para ti. No obstante, si no hace estas cosas, no te ama de manera incondicional y no deberías casarte con él. También fíjate si tu amor pasa la prueba del tiempo y tiene las mismas características.

¿CÓMO PROTEJO EL AMOR?

Una vez que encontraste a un Sr. Adecuado en potencia y entraste a la época del compromiso, puedes hacer tres cosas para mejorar el romance en lugar de arruinarlo:

1. *Respeta el hecho de que tiene una vida aparte de ti*. No lo asfixies; es tu novio, no tu hermano siamés. No esperes que pase todo su tiempo libre encargándose de tus necesidades emocionales. Aliéntalo para que se dedique a sus pasatiempos y a que pase tiempo con sus otros amigos íntimos, y tú haz lo mismo. No lo distraigas a propósito de las cosas que en este momento son de vital importancia para él, como obtener buenas notas o trabajar para ganar dinero extra. Tu paciencia tendrá su compensación a la larga cuando aprecie el hecho de que lo apoyas a él, a sus relaciones y a sus metas personales. Luego cuando venga

a pasar tiempo contigo, sabrás que es porque *quiere*, no porque sienta que *tiene* que hacerlo.

2. *Déjalo tomar la iniciativa.* Una de las maneras en que puedes lograr que un chico deje de buscarte con mayor rapidez es apurarlo a que se comprometa a algo para lo que no está listo. Si no está listo para comprometerse para el matrimonio, es probable que solo necesite más tiempo. Respeta el hecho de que no está listo y sé paciente, o sigue adelante y explora la posibilidad de que haya otro Sr. Adecuado allá afuera para ti. No creo que quieras que un chico se comprometa en forma prematura y poco entusiasta contigo. Si dice que no está listo, es probable que te esté haciendo un gran favor y te esté ahorrando mucho dolor a la larga. Si tienes paciencia hasta que esté listo, cuando te diga: «Sí, acepto», sabrás que en verdad lo hace.

3. *Pon en práctica el retraso de la gratificación, no viviendo juntos y resistiendo cualquier tipo de actividad sexual.* Según una encuesta de *Christianity Today*, setenta por ciento de los adolescentes en general y cincuenta por ciento de adolescentes cristianos dijeron que pensaban que vivir juntos antes del matrimonio (cohabitar) era muy aceptable[1]. Muchas jóvenes intentan asegurar su relación con un chico teniendo relaciones sexuales con él, pensando que si le dan su cuerpo, nunca se irá. *No te engañes.* Recuerda, en general lo que un chico más quiere es tener relaciones sexuales y si obtiene lo que quiere, ¿por qué tiene que renunciar a su libertad y casarse? Como decía mamá: «¿Para qué va a comprar la vaca si ya tiene la leche gratis?». A los que esperan, les llegan las cosas buenas, y sí que vale la pena esperar para la relación sexual. Atrasar la gratificación sexual ahora puede preparar tu matrimonio para una vida de gratificación sexual más adelante.

NO TE PIERDAS AL SUPREMO SR. ADECUADO

Para cerrar esta charla, no olvides que hay un Sr. Adecuado que anhela tu atención y tu afecto y que está listo para empezar una relación de amor apasionado que nunca te imaginaste. Ya hizo tremendos sacrificios para demostrarte su amor incondicional. Viene de la familia más fuerte que puedas imaginarte y su Padre dio el ejemplo de amor perfecto para que Él lo siga. Todo en el cielo y la tierra le pertenece y puede proveer para ti más allá de lo que nunca te atreviste a soñar. Tiene una gran visión para su futuro en común, que incluye una luna de miel eterna juntos en el paraíso.

Mientras eres soltera, ¿no vas a aprovechar cada oportunidad posible de deleitarte en el incomparable amor de Jesucristo?

Y pido que, arraigados y cimentados en amor, puedan comprender, junto con todos los santos, cuán ancho y largo, alto y profundo es el amor de Cristo; en fin, que conozcan ese amor que sobrepasa nuestro conocimiento, para que sean llenos de la plenitud de Dios.

Efesios 3:17-19

Transfórmate en la Sra. Adecuada

Dios el SEÑOR dijo: «No es bueno que el hombre esté solo. Voy a hacerle una ayuda adecuada».

GÉNESIS 2:18

Si por casualidad entraras en una habitación en la que seis apuestos jóvenes cristianos conversan sobre lo que esperan de una esposa algún día, ¿no te gustaría ser una mosca en la pared y escuchar la versión sin censura de su conversación? ¡Seguro que sí! Bueno, así surgió este capítulo.

Le preguntamos a seis jóvenes: «¿Cuáles son las diez características más importantes que buscas para la Sra. Adecuada?». Hicimos una lista de sus respuestas, junto con nuestras instrucciones para desarrollar estas cualidades en tu vida. La lista no se presenta en ningún orden en particular, excepto que todos estuvieron de acuerdo en considerar como principal la primera cualidad. Aunque se habló de otras cualidades, todos estuvieron de acuerdo con los siguientes criterios.

1. TIENE UNA RELACIÓN PERSONAL CON JESUCRISTO

¿Estás involucrada en una iglesia o en un grupo de jóvenes? ¿Intentas transformarte en una mejor discípula de Cristo y buscar formas de servirlo? ¿Lees la Palabra de Dios y oras para que te revele con mayor profundidad quién es Él? Cuando busques a Dios con locura, te sorprenderás de cómo te modela y hace que otros se sientan atraídos hacia ti y quieran conocerte. Si en un principio a un chico le atrae tu carácter a la imagen de Cristo, es probable que también ame a Dios.

2. Se cuida y tiene una autoestima positiva

¿Qué quisieron decir con que querían una joven que se «cuidara»? Quieren una joven con un peso que sea más o menos proporcional a su estatura, que tenga la piel limpia, que se cuide el cabello y las uñas y que se preocupe por su manera de vestir y de cómo luce en público.

No nos engañemos, a los chicos los estimula lo visual. Aunque algunos de los chicos intentaron decirlo de la manera adecuada, ninguno pudo negar que quiere una chica que sea un tanto atractiva. Uno de ellos dijo: «No es necesario que sea una reina de belleza ni una modelo de cubierta de revista, solo que tenga buen aspecto». Otro añadió: «Su belleza interior la va a hacer más hermosa que cualquier cosa exterior». Algunos se quejaron de que salieron con mujeres que eran el estereotipo de la «belleza», pero a la larga se encontraron con que dejaron de ser atractivas debido a sus personalidades. Otras se hicieron menos hermosas porque eran inseguras y necesitaban cumplidos y afirmación a cada momento. Los chicos también dijeron que no les gusta que sus novias sientan que necesitan «andar a la caza» de cumplidos. Quieren una joven cuya confianza salga de adentro, no que venga de ellos.

3. Por lo general, es una persona feliz y tiene una actitud positiva frente a la vida

A nadie le gusta estar con una amargada, una quejosa, ni alguien que lloriquee por todo. Por naturaleza, nos atraen las personas felices que levantan a los demás. No cometas el error de pensar: *Bueno, si solo pudiera encontrar al Sr. Adecuado, ¡sería una persona feliz!* Los psicólogos estudiaron la información de quince años de estudios realizados en veinticuatro mil personas y descubrieron lo siguiente: «Estar casado incrementa la felicidad solo un décimo de un punto en una escala de once puntos [...] La mayoría de la gente no está más satisfecha con la vida después de casada que lo que estaba antes [...] Aunque la felicidad aumenta luego de intercambiar los votos, la mayoría de las personas vuelven al nivel previo al matrimonio dentro de un período de dos años»[1]. El matrimonio no es la respuesta para el sufrimiento de nadie.

No te tomes tan en serio a ti misma ni a la vida. Aprende a ver el lado bueno de las cosas. En general, no hay mal que por bien no venga. Ríete con frecuencia, en especial de ti misma. Si la depresión te oscurece la vida por más de dos meses seguidos, habla con tus padres, con tu pastor o con un médico sobre las posibles causas y la necesidad de ayuda profesional.

4. EJERCE AUTOCONTROL CUANDO ESTÁ CON OTROS CHICOS

Es probable que te sorprenda escuchar esto, pero la mayoría de los chicos admiten que son criaturas bastante celosas. Cuando les gusta una chica, no quieren verla actuar en una manera demasiado amistosa con otros chicos. Un joven dijo: «Si estoy en una relación seria con alguien, quiero saber que soy el único para ella. No quiero verla toda alocada cuando está con otro chico y tener que preocuparme de que esté a punto de dejarme por él». Aunque estos chicos dejaron en claro que suponen que sus novias tendrán otros amigos varones, también esperan participar de estas amistades una vez que se hacen novios.

5. ES CUIDADOSA CON EL DINERO Y LO ADMINISTRA CON SABIDURÍA

A muchos jóvenes les preocupa qué tipo de sostén económico serán para su familia. Se dan cuenta de que es probable que el peso de la responsabilidad de llevar la comida a la mesa y de pagar las cuentas descanse sobre sus hombros. Un joven dijo: «Si voy a esforzarme para ganar el dinero, quiero que mi esposa se esfuerce para estirarlo hasta donde sea posible».

Una manera de estar segura de que serás cuidadosa con el dinero y lo administrarás con sabiduría cuando te cases es comenzar a hacerlo ahora, con cualquier dinero o ingreso que tengas. Esto incluye que no esperes que tus padres te entreguen todo lo que quieras en una bandeja de plata. Si lo haces, es posible que presiones a tu esposo para que haga lo mismo. Sé responsable con tus compras, y si tienes una tarjeta de crédito, nunca gastes más dinero de lo que puedas cancelar por mes. No cometas el error de endeudarte con tarjetas de crédito y tener que pagar intereses. No creo que quieras entrar al matrimonio algún día y ser una carga financiera porque tengas deudas. Practica el cuidado con el dinero ahora y entra al matrimonio algún día como un activo, no como una deuda.

6. Tiene buenas relaciones con su familia y tiene amistades íntimas

¿Quieres saber cuál es la mejor práctica para el matrimonio? Vivir en familia. Si no puedes vivir en relativa paz con tu familia y no tienes ninguna amistad íntima, tal vez sea porque eres difícil de tratar, y un chico saludable pensará que esto es una bandera roja. Aunque tú y tus padres tengan las típicas peleas de madre-hija o padre-hija, ¿hay momentos en los que pueden disfrutar la compañía del otro y hacer cosas juntos sin discutir? ¿Eres capaz de admitir cuando estás equivocada y pedir perdón? ¿Logras perdonar a otros y decidir amarlos a pesar de sus defectos? ¿La gente disfruta de tu amistad porque sabes cómo dar y recibir en una relación? La práctica de estas cosas ahora es una maravillosa preparación para convertirte en la Sra. Adecuada.

7. Cuida y protege y algún día sería una gran madre

Los chicos quieren que sus hijos disfruten de sus experiencias de la niñez y quieren una esposa que los críe y que se tome en serio el ser una buena mamá. Por supuesto, la mayoría de los chicos quiere ser el mejor papá posible y planea ayudar con la crianza de los hijos. Aun así, los hijos requieren una gran cantidad de tiempo y energía, y entonces, de acuerdo al diseño perfecto de Dios, mamá y papá necesitan cubrir las necesidades físicas, emocionales, mentales y espirituales de su hijo. Es posible que estés muy concentrada en la carrera, pero si planeas tener una familia, tienes que estar dispuesta a sacrificar o posponer algunas metas personales por la crianza de hijos con emociones sanas.

Antes de que mi esposo y yo tuviéramos a nuestra primera hija, estudiaba para entrar a la escuela de medicina. Sin embargo, cuando mi hija cumplió su primer año, lloré porque sentí que me había perdido mucho de ese primer año especial por todo el tiempo que pasé en clases y estudiando. Sabía que se intensificaría cuando entrara a la escuela de medicina, así que tomé una de las decisiones más difíciles de mi vida. Obtuve el diploma universitario del primer ciclo, pero abandoné la idea de entrar a la escuela de medicina por el bien de mi familia. Es una decisión de la que nunca me arrepentí, y aunque he trabajado a tiempo parcial fuera de casa como pastora de jóvenes y oradora, el tiempo adicional y los lazos profundos que disfruto con mis hijos son una recompensa mucho mayor que cualquier carrera de medicina.

8. Apoya lo que quiero hacer con mi vida y me alienta

Sobre todo, un esposo necesita que la esposa sea su animadora. El Sr. Adecuado querrá que seas su mayor admiradora. Es inevitable que pases por tiempos difíciles. Es posible que te enfrentes a grandes pérdidas, como la de un trabajo, la muerte de seres queridos o incluso la de un hijo. Es posible que él quiera cambiar de carrera, lo cual podría crear enormes desafíos financieros. Mientras un hombre pasa con dificultad a través de las decisiones y desilusiones que le presenta la vida, necesita una compañera que esté de su lado, una mujer que lo acompañe.

Conozco a una mujer que se casó con un abogado, en parte porque pensó que nunca tendría que preocuparse por las finanzas debido a su carrera. Sin embargo, cuando su esposo tenía cuarenta años, se cansó y no quiso practicar más la abogacía. Decidió que quería ser maestro del instituto, aunque significara un gran corte en su salario. Sin embargo, su esposa no pudo aceptar este cambio drástico de estilo de vida y luego de muchos años de tensión y amargura se divorciaron. Su amor por él era condicional, se basaba en el cheque del sueldo. Cuando consideres si un joven es el Sr. Adecuado, pregúntate: «¿Soy su mayor admiradora? ¿Lo respeto y confío en él lo suficiente como para ser su animadora?». Asegúrate de estar comprometida a apoyarlo y a alentarlo en todo momento a lo largo del camino de la vida.

9. Tiene sus propios sueños y metas que puedo ayudarla a alcanzar

¿Sabes lo que te apasiona en la vida? ¿Qué te gusta hacer? ¿Qué cosas te fortalecen y motivan? Una educación universitaria puede ser una gran manera de descubrir el tipo de cosas que te estimulan, te fortalecen o te inspiran. Cuando estaba en la universidad, recuerdo que pensaba: *¡No puedo creer que tenga que ganar un crédito de Educación Física!* Hice un curso de submarinismo y descubrí un amor por la vida submarina que no sabía que tenía. También me acuerdo que pensaba: *¡Ya basta de cursos de gramática! ¿Por qué tengo que estudiar gramática todos los años del instituto?* ¿Pero sabes una cosa? Me ayudó a escribir y a comunicarme mucho mejor y esa es la pasión de mi vida. Una clase de desarrollo de la niñez me ayudó a entender mejor a mis hijos y a ser una mejor mamá, lo cual siempre ha sido y será una de mis metas. Si desarrollas tus propios intereses y descubres tus propias pasiones, serás una persona más feliz, interesante y polifacética.

10. Es aventurera y puede disfrutar al menos de algunos de mis pasatiempos

Es típico que los chicos sean criaturas aventureras, y quieren a una mujer que pueda disfrutar algunas de esas aventuras a su lado. ¿Cuán aventurera eres? Si no tienes ningún interés o pasatiempo, puedes empezar a desarrollar algunos. Por ejemplo, asiste a festivales de artes culturales, ve a museos locales o toma una clase para aprender alguna habilidad poco común como, por ejemplo, ebanistería o diseño de interiores. Únete al equipo de teatro o de debate. Anótate en clases que ofrezcan en un centro universitario de la zona para aprender a hablar una lengua extranjera, a esculpir, a diseñar sitios Web, o lo que más te guste. Haz algo que te saque de tu zona de comodidad y te enseñe nuevas formas de divertirte.

Por supuesto, cada persona tiene su propia idea de lo que es la aventura. Cuando mi esposo y yo comenzamos a salir, mi idea de diversión era ir de compras, pero la de Greg era jugar al sófbol. Así que para que los dos pudiéramos hacer algo que disfrutáramos, a menudo íbamos de compras los viernes por la tarde después del trabajo y los sábados me sentaba en las graderías y alentaba a mi apuesto jugador de primera base. Muchas veces me tentaba decir: «El sábado voy a ir de compras mientras juegas al sófbol y nos vemos por la tarde», pero eso no hubiera sido tan divertido como pasar tiempo juntos.

Sin importar cuáles sean las pasiones de tu Sr. Adecuado, descubre algunas que sean divertidas para los dos y disfrútenlas juntos. La vida es demasiado corta como para no divertirse, y divertirse juntos fortalece cualquier relación.

Sé la Sra. Adecuada de Dios

Aunque es posible que no estés ni cerca de ser la Sra. Adecuada de ningún chico, puedes ser la Sra. Adecuada de Dios en esta etapa de soltería y cada año que vivas y respires. En realidad, quizá nunca consideraste a Dios como alguien que necesita una esposa, ¿pero adivina cómo se le llama a cualquiera que cree en Él y que pertenece a su iglesia? La novia de Cristo. Aunque Dios puede hacer cualquier cosa sin nuestra ayuda, elige hacer las cosas *por medio* de nosotros. Su mayor deseo para los seres humanos es que sean sus manos para alcanzar a los que necesitan su toque y sus pies a fin de ir a donde Él guíe y su portavoz para revelar sus palabras y su voluntad a otros. Necesita una ayuda, una Sra. Adecuada, para lograr sus metas y para que busques sus sueños junto a Él.

Ser compañeras de Dios trae una recompensa y una sensación de satisfacción mucho más maravillosas que cualquier otro pasatiempo que puedas imaginarte. Para enterarte más sobre qué hace falta para ser la Sra. Adecuada *de Dios*, lee el próximo capítulo.

¡Alegrémonos y regocijémonos y démosle gloria! Ya ha llegado el día de las bodas del Cordero. Su novia se ha preparado, y se le ha concedido vestirse de lino fino, limpio y resplandeciente». (El lino fino representa las acciones justas de los santos).

Apocalipsis 19:7-8

Enamórate de Jesús

Yo soy de mi amado, y mi amado es mío.

CANTARES 6:3

Una novia radiante le dio la bienvenida a sus invitados con una gran sonrisa al entrar al salón de la recepción, luego de la ceremonia de bodas. Se movía con gracia a través de la habitación, con la cola del vestido blanco ondeando sobre el suelo a su paso, y con el velo cayendo como una cascada sobre su espalda adornada con botones.

Conversó con cada uno de los invitados, uno por uno, tomándose el tiempo para fraternizar y absorber los cumplidos. «Estás preciosa de todo punto». «Tu vestido es maravilloso». «Nunca vi a una novia tan hermosa». «La ceremonia estuvo deslumbrante». Las generosas alabanzas resonaban sin parar. La novia no podía estar más orgullosa ni apreciar más la admiración de la multitud. Podría haberlos escuchado derretirse por ella toda la noche. Es más, así lo hizo.

Entonces, ¿dónde estaba el novio? Toda la atención se concentró en la novia y ella en ningún momento hizo que se fijaran en su esposo. Ni siquiera se dio cuenta de que no estaba a su lado. Escudriñé la habitación, buscándolo y preguntándome: *¿Adónde puede estar?*

Al final lo encontré, pero no donde esperaba encontrarlo. El novio estaba parado en una esquina de la habitación con la cabeza gacha. Mientras miraba con fijeza su anillo, girando la alianza de oro que su novia acababa de ponerle en el dedo, le caían lágrimas por las mejillas a las manos. Fue ahí cuando noté las cicatrices de los clavos. El novio era Jesús.

Estuvo esperando, pero la novia ni una vez se dio vuelta a mirarlo. En ningún momento lo tomó de la mano. Nunca le presentó a los invitados. Actuó en forma independiente de Él.

Me desperté con náuseas en el estómago y me di cuenta de que fue un sueño. «Señor, ¿así te hacía sentir cuando buscaba amor en todos los lugares equivocados?». Lloré al pensar que podía herirlo tan hondo.

Es lamentable que este sueño ilustre a la perfección lo que sucede entre Dios y millones de sus personas. Él se compromete con nosotros, tomamos su nombre y luego seguimos por la vida buscando amor, atención y afecto de cualquier fuente posible excepto del Hijo de Dios, el Amor de nuestras almas.

¡Ah, cómo anhela Jesús que le reconozcamos, que le presentemos a nuestros amigos, que nos recluyamos para estar a solas con Él, que nos aferremos a Él para hallar nuestra identidad, que lo miremos con ansia a los ojos, que lo amemos con todo nuestro corazón y nuestra alma!

¿Qué me dices de ti? ¿Tienes este tipo de relación de amor con Cristo? ¿Experimentas el gozo increíble de la intimidad con el Único que te ama con una pasión que es mucho más profunda y maravillosa que cualquier cosa que podrías encontrar aquí en la tierra? Sabemos por experiencia que puedes hacerlo.

¿CÓMO LLEGO ALLÍ DESDE AQUÍ?

Quizá te preguntes cómo puedes experimentar este nivel de intimidad más profundo y gratificante con Jesucristo. Sería de ayuda mirar dónde comienza el viaje espiritual y cómo evoluciona nuestra relación con Dios mientras viajamos por el camino de la madurez espiritual. El entrenador de vida y conferenciante internacional Jack Hill (www.royal-quest.com) revela que hay seis niveles progresivos de relación con Cristo, según se explica en las Escrituras a través de las siguientes metáforas:

- la relación de alfarero-barro
- la relación de pastor-oveja
- la relación de amo-siervo
- la relación de amigo-amigo
- la relación de padre-hijo
- la relación de novio-novia[1]

Creo que Dios nos dio estas metáforas a fin de que logremos entender mejor su compleja personalidad y la profundidad de su amor perfecto para con nosotros. Estas metáforas ilustran la maduración de nuestra relación de amor con Dios. Así como los chicos desarrollan su físico hasta que alcanzan la adultez, los creyentes en Cristo desarrollan su espíritu en niveles mientras avanzan por el camino hacia la madurez espiritual.

A medida que examinemos la dinámica de cada uno de esos niveles, intenta identificar el nivel de intimidad que experimentas hoy en tu andar con Dios.

La relación de alfarero-barro

Cuando vamos a Cristo por primera vez, nuestra vida espiritual tiene poca forma o figura. Nos sometemos a Jesucristo como nuestro Salvador y le pedimos a Dios que comience a moldearnos para ser lo que Él quiere que seamos. «Nosotros somos el barro, y tú el alfarero. Todos somos obra de tu mano». (Isaías 64:8; véase también Jeremías 18:4-6). Como pedazo de barro, podemos permitirle al alfarero que nos moldee, pero no podemos expresarle nuestro amor en retribución. Cuando obedecemos y creemos que Dios nos usa, nos sentimos bien. Cuando hacemos las cosas mal o no tenemos un propósito claro, nos sentimos distanciados de Dios. A menudo nos retraemos porque creemos que Él está enojado con nosotros debido a nuestro pobre desempeño. Efesios 2:10 dice: «Porque somos hechura de Dios, creados en Cristo Jesús para buenas obras, las cuales Dios dispuso de antemano a fin de que las pongamos en práctica». Esto afirma que es importante que nos sometamos a Dios y que le permitamos que moldee nuestras vidas de modo que lo honren. Sin embargo, Él no quiere que nuestra relación se quede allí. Quiere que se transforme en algo más profundo y más íntimo.

La relación de pastor-oveja

Quizá no sea halagador que te comparen con una oveja, pero esta metáfora ilustra lo bien que se ocupa Dios de su gente, así como un pastor atiende a su rebaño con cuidado. Dios dijo por medio del profeta Ezequiel:

> Así dice el SEÑOR omnipotente: Yo mismo me encargaré de buscar y de cuidar a mi rebaño. Como un pastor que cuida de sus ovejas cuando están dispersas, así me ocuparé de mis ovejas y las rescataré de todos los lugares donde, en un día oscuro y de nubarrones, se hayan dispersado [...] Las haré pastar en los mejores pastos, y su aprisco estará en los montes altos de Israel. Allí descansarán en un buen lugar de pastoreo y se alimentarán de los mejores pastos de los montes de Israel. Yo mismo apacentaré a mi rebaño, y lo llevaré a descansar. Lo afirma el SEÑOR omnipotente. (34:11-12,14-15; véase también la parábola del buen pastor en Juan 10:1-18).

Aunque las ovejas conocen la voz del pastor y lo siguen, no tienen idea de lo que el corazón del pastor siente por ellas. Las ovejas no pueden tener los sueños y las esperanzas del pastor. Su única preocupación es su necesidad diaria de comida y agua. Aunque es importante que sigamos y confiemos en Dios como nuestro Cuidador y Proveedor así como las ovejas siguen al pastor, Dios anhela que tengamos una relación más personal con Él.

La relación de amo-sierva

Mientras que las ovejas se quedan fuera, los siervos al menos viven en la misma casa que el amo y hablan con él, aunque sea acerca de negocios. El siervo disfruta de una relación más íntima.

La parábola de los talentos (véase Mateo 25:14-30, RV-60) y la parábola de las diez minas (véase Lucas 19:11-27, RV-60) se refieren a este nivel de relación. Sin embargo, los siervos no saben mucho acerca de lo que pasa con su amo, a no ser por lo que los involucra de forma directa. El valor de una sierva proviene de cuán bien logre cumplir la voluntad de su amo. Aunque es importante que sirvamos a Dios con todo el corazón y que hagamos su voluntad, Dios aún anhela que tengamos un nivel incluso más íntimo que este.

La relación de amigo-amiga

La relación de la sierva con su amo descansa sobre los negocios y el desempeño, mientras que el amor y la preocupación mutua forman la base de la relación de amistad con un amigo. Jesús habló sobre este nivel más profundo de intimidad que tuvo con sus discípulos cuando dijo: «Ya no los llamo siervos, porque el siervo no está al tanto de lo que hace su amo; los he llamado amigos, porque todo lo que a mi Padre le oí decir se lo he dado a conocer a ustedes». (Juan 15:15). Lo que Jesús dice es: «Los valoro no solo por la manera que me sirven, sino porque tienen lo que hay en mi corazón». El valor de un amigo no está tanto en lo que hace, sino en quién es como confidente personal.

Dios quiere ser nuestro amigo y quiere que seamos sus amigas. Somos capaces de experimentar este nivel íntimo de amistad. Como nos dice Santiago 2:23: «Así se cumplió la Escritura que dice: "Le creyó Abraham a Dios, y esto se le tomó en cuenta como justicia", y fue llamado amigo de Dios». También, Proverbios 22:11 dice: «[La] que ama la pureza de corazón y tiene gracia al hablar tendrá por amigo al rey».

Aun así, por más cercanos que puedan ser dos amigos, no hay relación más cercana que la relación familiar.

La relación de padre-hija

Cuando nos damos cuenta y aceptamos la verdad de que no somos solo el pedazo de barro, la oveja, la sierva o incluso la amiga de Dios, sino también la misma hija de Dios, podemos experimentar una sanidad tremenda de heridas y desilusiones de la niñez. Podemos permitirle a Dios que sea el Padre o la Madre (Él posee las buenas cualidades de los dos géneros) que tanto necesitamos o quisimos. Podemos ser libres de la carga de tratar de rendir o de producir para Él cuando entendemos que no nos ama por lo que hacemos sino porque somos sus hijas. Por maravillosa y sanadora que sea una relación de padre-hija, la relación de novio-novia es la que promete la conexión más íntima de todas.

LA RELACIÓN DE NOVIO-NOVIA

Una vez que una mujer se transforma en una novia, el foco de su vida y sus prioridades cambian y todas las demás personas y prioridades palidecen en comparación a su relación de amor principal. Repito, esta metáfora ilustra una verdad mucho más profunda: Dios desea que lo amemos con pasión, que nos deleitemos con el simple hecho de estar en su presencia y que lo conozcamos de manera personal en público y en privado. Anhela que nuestra atención y nuestras prioridades se alineen con las suyas.

Quizá te imaginas la relación con Dios como Padre, Salvador o Señor, pero luchas con la idea de relacionarte con Dios como lo harías con un esposo. Aunque algunos incluso quizá digan que es irreverente relacionarse con Dios en una forma tan íntima, Dios siempre ha deseado este tipo de relación con la gente que eligió. Nos dijo a través del profeta Oseas: «Yo te haré mi esposa para siempre, y te daré como dote el derecho y la justicia, el amor y la compasión. Te daré como dote mi fidelidad, y entonces conocerás al SEÑOR» (2:19-20).

Dios nos extiende un compromiso eterno de amor, un amor tan profundo, tan vasto y tan grande que no es posible que podamos entenderlo por completo. Este regalo tendría que inspirarnos a corresponder con un regalo de amor igual en lo que es humanamente posible. Lo que empezó como una relación de compromiso entre Dios y los suyos en el jardín del Edén, alcanzará su plenitud en las bodas del Cordero cuando Jesucristo regrese para reclamar a su novia, la iglesia.

Así que, ¿cómo puedes cultivar un amor nupcial por Jesús y disfrutar de esta relación íntima que Él anhela tener contigo? Enamorándote de Él e intentando buscarlo con pasión como Él lo ha hecho todo este tiempo.

QUE JESÚS SEA TU PRIMER AMOR

Si le pediste a Jesús que viva dentro de tu corazón, Él quiere vivir allí siempre, no solo alquilar una habitación durante las épocas en las que no tienes novio. No hagas que Dios se siente en el asiento trasero por culpa de nadie. Mantén a los chicos en el lugar justo en tu corazón y asegúrate de que Jesús sea tu primer amor. Por supuesto que Dios quiere que ames a otras personas, pero no más de lo que lo amas a Él.

Considera estos versículos:

> Busquen primeramente el reino de Dios y su justicia, y todas estas cosas les serán añadidas. (Mateo 6:33)

> Deléitate en el SEÑOR, y él te concederá los deseos de tu corazón. (Salmo 37:4)

En otras palabras, busca a Dios como lo primero y lo más importante y Él te bendecirá con los otros deseos de tu corazón. Como leíste repetidas veces a lo largo de este libro, lo único que puede hacer un chico es intentar llenar el vacío de tu corazón. Sin embargo, Dios puede llenar tu corazón hasta hacerlo desbordar con el amor e intimidad que anhelas.

Si te preguntas cómo es posible, considera estas preguntas: ¿Alguna vez te sentiste como si estuvieras enamorada? ¿Recuerdas cómo pensar en él hacía que tu corazón se estremeciera de emoción? ¿Cómo dominaba tus pensamientos durante la mañana, el mediodía y la noche? ¿Recuerdas cómo podías estar disponible para hablar con él de un momento a otro si sabías que pasaría por allí? ¿Cómo dejabas todo si sonaba el teléfono esperando con desesperación escuchar su voz del otro lado de la línea? Los pensamientos sobre el potencial de esta relación te consumían el mundo. Sin importar cuánto lo intentaras, sencillamente no podías apartarlo de tu mente, ¿no es así? (¡Tampoco es que lo intentaras tanto!).

Dios anhela que Él te consuma. No es que puedas vivir en la cima como acabamos de describir cada día de tu vida (todas las relaciones amorosas atraviesan altibajos), pero Él desea ser tu primer amor. Quiere que tus pensamientos se dirijan a Él a través de los días buenos y malos. Quiere que mires con expectativa la manera en que soluciona las cosas en tu vida y que percibas cómo te invita a su presencia. Suspira porque lo llames y escuches su amorosa respuesta. Aunque quiere que inviertas en relaciones saludables con otros, quiere que tu mayor preocupación sea por tu relación con Él.

Dale a Dios todas las oportunidades

Tal vez pienses: *Ah, ¡Escuché eso toda mi vida! ¡La respuesta a todos mis problemas es Jesús, Jesús, Jesús! Conozco a Jesús, ¡pero nunca sentiría una satisfacción completa con alguien que ni siquiera puedo ver ni tocar!* Si ese es el caso, entendemos por qué puedes cuestionar lo que decimos. Sin embargo, no podemos evitar preguntarnos si en verdad has buscado una relación satisfactoria con Dios. Te alentamos a que respondas con sinceridad las siguientes preguntas:

- ¿*En verdad* he invertido mucho tiempo en conocer a Dios en una forma personal e íntima?
- ¿Leo la Biblia buscando pistas sobre el carácter de Dios y su plan para mi vida?
- ¿Le he dado a Dios la misma cantidad de oportunidades que le he dado a los chicos, a mis fantasías, a las visitas a las salas de *charla*, etc.?

- ¿Alguna vez decidí orar o danzar al son de la música de adoración o ir a caminar con Dios en lugar de tomar el teléfono y llamar a un chico cuando me siento sola?
- ¿Hay momentos que paso sola (masturbándome, fantaseando, leyendo o mirando material inadecuado, etc.) en los que pase por alto la presencia de Dios intentando satisfacerme?
- ¿Creo que Dios puede satisfacer cada una de mis necesidades?
- ¿Estoy dispuesta a probar esta creencia abandonando todas las cosas, la gente, los pensamientos y demás que uso para medicar mi dolor, mi miedo o mi soledad y a depender por entero de Dios?

Dios anhela que lo pongas a prueba en esto. No dejes que la duda ni la culpa de errores pasados eviten que busques esta satisfactoria relación de primer amor con Él. Dios no te desprecia por la forma en que intentaste llenar el vacío de tu corazón en el pasado. Anhela limpiar tu corazón y enseñarte cómo protegerlo del dolor y la soledad en el futuro.

> «Vengan, pongamos las cosas en claro
> —dice el SEÑOR—.
> ¿Son sus pecados como escarlata?
> ¡Quedarán blancos como la nieve!
> ¿Son rojos como la púrpura?
> ¡Quedarán como la lana!» (Isaías 1:18)

Sabemos por experiencia que una relación amorosa y satisfactoria hasta lo más profundo con Jesucristo es muy posible, y también lo saben muchas jóvenes que conocemos. Considera los siguientes comentarios:

> Teresa: A menudo percibo a Jesús que me invita a subirme a su regazo, hundir la cara en su pecho y solo llorar con desconsuelo mientras me abraza. No solo sé que mi Padre

celestial siempre está allí cuando lo necesito y me ama de manera incondicional, sino que sé que le gusto, lo cual es un gran consuelo.

Michelle: Cuando comencé a pasar tiempo con Dios en forma constante: alabando, orando, leyendo su Palabra, comencé a ver quién es en realidad, quién soy en realidad y la relación de amor que desea tener conmigo. La Biblia se convirtió en una gran carta de amor especialmente de Dios para mí. Las Escrituras parecen cobrar vida y, es más, ahora las entiendo (algo que nunca pensé que sucedería). Ahora no veo la hora de «escaparme» con Jesús y estar a solas con Él, y lo hago en cada oportunidad que tengo.

Diana: Aunque amo al Señor, a menudo he pasado por épocas en las que me sentía muy distanciada de Él. Durante uno de estos períodos de sequía, fui una noche a visitar a una amiga. Cuando entré a su habitación, estaba alabando a Dios en la oscuridad a la luz de la vela, solo danzando por la habitación con los brazos levantados y cantando al ritmo de un CD de adoración. En lugar de interrumpirla, decidí unirme a ella. De forma imprevista, sentí como si Dios me levantara del suelo, sonriéndome y abrazándome con sus fuertes brazos. Sentí su presencia más de lo que nunca la había sentido y sentí que me decía: «Esto es lo que se necesita para seguir enamorada». Ahora siempre estoy intentando pensar en otras maneras en las que puedo expresar mi amor por Él, sabiendo que sentiré su amor como respuesta.

BÚSCALO Y ENCUÉNTRALO

Invierte algún tiempo en conocer a tu Novio celestial en forma personal e íntima. Comienza buscando algunos minutos por día para leer su Palabra. Oseas, Cantares y el Evangelio de Juan son lugares maravillosos para empezar a entrever su inmenso amor.

Ve a caminar sola o sencillamente habla con Dios y asegúrate de dejar la suficiente cantidad de tiempo para escuchar lo que quizá quiera decirte. Aunque no lo escucharás con los oídos físicos, en verdad puedes experimentarlo con los ojos y los oídos de tu corazón. Observa la naturaleza para encontrar pistas de su amor, como las flores silvestres que plantó al lado de la calle solo para ti, los pájaros que vuelan por el cielo y demuestran la increíble creatividad de Dios y el paisaje en constante cambio del cielo salpicado de nubes al atardecer. Cuando te des cuenta de estas cosas, dile cuánto lo aprecias y cuánto anhelas conocerlo mejor.

Cuando buscas una relación más personal con Él, es imposible que no lo encuentres. Incluso si antes no lo encontraste, no te preocupes. Él sabe dónde encontrarte y te *va* a buscar. A decir verdad, te busca en este mismo instante. La intimidad romántica que Jesús te ofrece día a día y momento a momento es justo lo que muchas mujeres buscan toda su vida, pero nunca encuentran en relaciones terrenales. Luego de leer este libro, sabes que la relación sexual con un chico no es el lugar en el que experimentarás la satisfacción suprema. Solo la encontrarás enamorándote de Jesús, el que hizo tu mente, tu corazón y tu cuerpo y el que sabe con exactitud lo que necesitas para satisfacer cada parte del mismo.

Deleitarte en esta relación de amor con Jesús es el secreto para ganar la guerra contra las tentaciones sexuales. Él está listo y puede ayudarte a proteger tu mente, tu corazón y tu cuerpo incluso en medio de este mundo saturado de sexualidad. Ríndele tu batalla a Dios y pídele que te revele su espléndido amor. Y al recibir y regocijarte en este nivel de intimidad más profundo con Él, recuerda que nos regocijamos contigo.

> *Pidan, y se les dará; busquen, y encontrarán; llamen, y se les abrirá. Porque todo el que pide, recibe; el que busca, encuentra; y al que llama, se le abre.*
>
> *Mateo 7:7-8*

Epílogo

Si deseas a otras mujeres

Mientras leías este libro, quizá te preguntaras: *¿Cómo se aplican estas cosas a mí si mis sentimientos son hacia otras chicas en lugar de hacia chicos?* Vamos a empezar examinando de dónde vienen estos deseos, luego veremos lo que la Biblia tiene que decirnos sobre la homosexualidad, y al final te daremos algunas estrategias para la victoria en esta batalla particular.

Reconoce la raíz del asunto

Creemos que los deseos y las tendencias homosexuales a menudo tienen su raíz en relaciones familiares disfuncionales. Quizá te atraigan otras mujeres porque experimentaste un amor profundo y una sensación de seguridad con tu madre que nunca sentiste con un padre. Tal vez papá no estuvo cuando lo necesitabas o estaba demasiado distanciado en el ámbito emocional para ayudarte a que crecieras sintiéndote cómoda con la idea de recibir amor, atención y afecto de un hombre. O a lo mejor tu padre o algún otro hombre abusó de ti en lo sexual y entonces tienes sentimientos negativos hacia los hombres y crees que no puedes confiar en ellos.

Nuestra cultura también contribuye en forma significativa a los deseos de las mujeres entre sí. Para cuando salga este libro, la audaz exhibición de Madonna y Britney Spears besándose con pasión en la televisión nacional será noticia del pasado. A menudo vemos vallas a través del país con dos mujeres ligeras de ropa en una postura provocativa. Varias de las revistas para adolescentes que revisamos mientras buscábamos material para este libro mostraban a dos bellezas descaradas dándose un abrazo muy íntimo, a menudo acompañadas por un artículo sobre su relación lesbiana. Las películas, e incluso la televisión de horario de mayor audiencia, a menudo representan la homosexualidad como un estilo de vida alternativo aceptable. Muchas escuelas públicas están haciendo presión para que los programas de estudio incluyan situaciones familiares con «dos mamás» o «dos papás».

En contra de lo que algunos activistas por los derechos homosexuales e investigadores científicos quieran hacernos creer, no consideramos que exista algo como «el gen homosexual» o que alguna gente «nazca homosexual». A diferencia de tu sexo o tu origen étnico, la homosexualidad no es una condición predeterminada que se te transmitió de forma genética cuando te concibieron en la matriz de tu madre. Una persona desarrolla estos deseos a través de diferentes experiencias, pero tú puedes desarrollar deseos diferentes y más saludables. Es más, cientos de individuos que solían ser homosexuales han dejado este estilo de vida y encontraron plenitud en una nueva heterosexualidad[1].

¿QUÉ DICE LA BIBLIA?

En caso de que hayas tenido dudas sobre lo que Dios dice sobre las relaciones homosexuales, solo lee el primer capítulo de Romanos en el Nuevo Testamento. El apóstol Pablo deja bien en claro que Dios no aprueba las relaciones sexuales íntimas entre las personas del mismo sexo.

Sin embargo, queremos que sepas sin la menor sombra de duda que aunque Dios aborrece el pecado de la homosexualidad, así como aborrece todo el pecado, ama con pasión y de manera incondicional a todos los pecadores sin importar las batallas sexuales que enfrentemos. Incluso si luchas con deseos por otras mujeres, Dios está del todo loco por ti y su poder que transforma vidas está a tu disposición así como lo está para cualquiera que invoque su nombre a fin de que lo ayude a resistir el pecado.

Muévete por el buen camino

En primer lugar, no supongas que todo apego emocional fuerte que sientes hacia alguien del mismo sexo es deseo homosexual. Quizá notes a una chica atractiva caminando por la calle, tal vez pienses que tu mejor amiga es increíblemente hermosa o a lo mejor te sientes muy atraída hacia una maestra, entrenadora o mujer que te guíe. Si es así, esto no significa que seas lesbiana. Dios nos diseñó para que deseemos relaciones íntimas con otras mujeres, pero no tenemos que hacer «sexuales» esos deseos. Disfruta de amistades cercanas con chicas y forjen recuerdos maravillosos. Siéntete en libertad de darles una palmada en la espalda a otras chicas o de abrazarlas o dejarlas llorar en tu hombro cuando lo necesiten. Sin embargo, evita hablar o tocar a una chica en forma sexual y distráete con otros pensamientos si te das cuenta de que estás fantaseando con estas cosas. Recuerda que no solo tienes que proteger tu cuerpo, sino también tu mente y tu corazón.

Si algunas relaciones en tu vida hacen que tropieces, es posible que tengas que tomar decisiones difíciles de terminar esas amistades de plano, en especial si la persona no respeta tus nuevos límites. Recuerda que la Biblia dice: «*Huyan* de la inmoralidad sexual» (1 Corintios 6:18, énfasis añadido). Si esta persona no te está dejando que crezcas en lo espiritual y que te transformes en la mujer temerosa de Dios para la que te crearon, no dudes en huir por completo. No hay por qué avergonzarse en correr del pecado y Dios en verdad honrará los sacrificios que hagas por la rectitud.

Si al parecer no puedes encontrar la fuerza necesaria para hacer esto sola y necesitas ayuda a fin de huir de las tendencias o deseos homosexuales, pídela. Busca un consejero especializado en ayudar a la gente a superar este asunto. También puedes ponerte en contacto con *Exodus International* (www.exodus-international.com), una organización que ayuda a miles de cristianos como tú a rendir cuentas al evitar comportamientos comprometedores y que alienta a buscar relaciones más saludables. No dejes que el orgullo o la vergüenza te priven de la esperanza y la sanidad que te mereces.

La decisión es tuya. Cuando tienes una relación personal con Jesucristo, tienes a disposición su poder para ayudarte a resistir cualquier tentación y hacer cualquier cambio necesario con el propósito de dedicarte a un estilo de vida de integridad sexual y emocional. También tienes que saber que te alentamos y que oramos por ti mientras buscas las relaciones saludables de las cuales Dios quiere que disfrutes.

Notas

Prólogo

1. «Most Teens See Marriage and Kids in their Future», *Youthviews: the Newsletter of the Gallup Youth Survey,* junio de 2001, p. 2.
2. Pat Socia, *Weaving Character into Sex Education,* 1997 Project Reality, P.O. Box 97, Golf, IL, 60029-0097, www.projectreality.org/products/books.html.
3. Campaña nacional para prevenir el embarazo adolescente: *With One Voice, 2002: America's Adults and Teens Sound Off About Teen Pregnancy,* encuesta anual, citada en *SIECUS (Sexuality Information and Education Council of the United Stated), «Shop Talk»,* 17 de enero de 2003, www.siecus.org/pubs/shop/volume7/shpv70052.html.

Capítulo 2

1. Esta ilustración proviene de un material que se presentó en una conferencia organizada por *Coalition for Abstinence Education,* Colorado Springs, Colorado, octubre de 1996.

Capítulo 4

1. Gary R. Collins, *The Biblical Basis of Christian Counseling for People Helpers*, NavPress, Colorado Springs, CO, 1993, p. 113.

Capítulo 5

1. Meghan Bainum, citada por Mary Beth Marklein en «Casual Sex, in Newsprint», *USA Today,* 14 de noviembre de 2002, p. 9D.

Capítulo 6

1. Sharon A. Hersh, «*Mom, I Feel Fat!*», Shaw, Colorado Springs, CO, 2001, p. 111.

Capítulo 7

1. Corey Kilgannon, «Slain Girl Used Internet to Seek Sex, Police Say», *New York Times,* 22 de mayo de 2002, última edición, sec. B.

2. John Eldredge, *The Journey of Desire*, Thomas Nelson, Nashville, 2000, p. 74.

Capítulo 8

1. Prevention & Motivation Programs, Inc., Sexual Abuse Facts and Statistics, P.O. Box 1960, 659 Henderson Drive, Suite H, Catersville, GA, 30120, www.goodtouchbadtouch.com.
2. Emilie Buchwald, Pamela R. Fletcher y Martha Roth, editoras, *Transforming a Rape Culture*, Milkweed, Minneapolis, 1993, p. 9.
3. Robin Washaw, *I Never Called It Rape: The M.S. Report on Recognizing, Fighting, and Surviving Date Rape and Acquaintance Rape*, Harper-Collins, Nueva York, 1994.

Capítulo 9

1. *Cosmopolitan*, noviembre de 2003, *CosmoGirl*, noviembre de 2003, *Twist*, octubre-noviembre de 2003.
2. *Teen People*, noviembre de 2003.
3. Alex Kuczynski, «Girls Gone Macho», *Orange County Register*, 17 de noviembre de 2002.

Capítulo 13

1. American Academy of Pediatrics, *Pediatrics* 95, n.º 1, www.cfoc.org/EducatorRes/Facts/.
2. Ann Kearney-Cooke, citada por Alex Kuczynski en «Girls Gone Macho», *Orange County Register*, 17 de noviembre de 2002.

Capítulo 14

1. Nota de la Editorial: Noticias de interés especial presentadas en un formato que tiende al espectáculo, transmitidas en directo y que muestran a personas en situaciones reales.
2. *Teen People*, noviembre de 2003.
3. *Revolve: The Complete New Testament*, Thomas Nelson, Nashville, 2003.
4. «Woman in Love», *People*, 12 de noviembre de 2001, p. 54.
5. «Woman in Love», p. 54.
6. Chuck Arnold, «Picks & Pans: Britney», *People*, 12 de noviembre de 2001, p. 41.

Capítulo 15

1. Nota del traductor: Traducción libre de *The Message*, paráfrasis de la Biblia en inglés.

Capítulo 19

1. American Social Health Association, *Sexually Transmitted Diseases in America: How Many Cases and at What Cost?*, 1998, p. 5.
2. La ilustración de los órganos reproductores femeninos la proveyó A.D.A.M. Usado con permiso.
3. Steve Bradshaw, «Vatican: Condoms Don't Stop AIDS», *Guardian Unlimited Special Report*, 9 de octubre de 2003, www.guardian.co.uk.
4. Medical Institute for Sexual Health (MISH), *HPV Press Release,* Austin, Tejas, 9 de mayo de 2000.
5. Susan C. Weller, «A Meta-Analysis of Confom Effectiveness in Reducing Sexually Transmitted HIV», *University of Texas Medical Branch (UTMB) News*, 7 de junio de 1993, *Social Science and Medicine*, pp. 36:36:1635-44.
6. Ed Vitagliano, «Study Finds Teen Sex, Suicide Are Linked», *AFA Journal*, octubre de 2003, www.crosswalk.com/family/parenting/teens/1224-668.html.
7. Maggie Gallagher, «Failed Promises of Abortion», 27 de enero de 2003, http://www.townhall.com/columnists/maggiegallagher/mg20030127.shtml.

Capítulo 20

1. *Seventeen*, «National survey conducted by *Seventeen* finds that more than half of teens ages 15-19 have engaged in oral sex», comunicado de prensa, 28 de febrero de 2000.
2. Walt Mueller, «Kids and Sex: New Rules!», *Youth Culture@Today*, boletín informativo del Center for Parent/Youth Understanding, otoño de 2003, p. 11.
3. Lisa Remez, «Oral Sex Among Adolescents: Is It Sex or Is It Abstinence?», *Family Planning Perspectives* 32, n.º 6, noviembre-diciembre de 2000.
4. S. Edwards y C. Carne, «Oral Sex and the Transmission of Viral STIs», *Sexually Transmitted Infections* 74, n.º 1, 1998, pp. 6-10.
5. Edwards y Carne, «Oral Sex», 74, n.º 2, pp. 95-100.

6. P.F. Horan, J. Phillips y N.E. Hagan, «The Meaning of Abstinence for College Students», *Journal of HIV/AIDS Prevention & Education for Adolescents & Children* 1, n.º 2, 1998, pp. 51-66.

Capítulo 21

1. Youth Risk Behavior Surveillance System, National Center for Chronic Disease Prevention and Health Promotion, www.cdc.gov/nccdphp/dash/yrbs/pdf-factsheets/sex.pdf.
2. Mary Meehan, «Abstinence Pledges Not Very Effective», *Knight Ridder*, 8 de noviembre de 2003, sección de vida.
3. Natalie Krinsky, citada por Mary Beth Marklein en «Casual Sex, in Newsprint», *USA Today*, 14 de noviembre de 2002.
4. Anna Schleelein, citada por Marklein en «Casual Sex».

Capítulo 22

1. Esta ilustración proviene de material que se presentó en una conferencia organizada por *Coalition for Abstinence Education*, Colorado Springs, Colorado, octubre de 1996.
2. Mike Mason, *The Mystery of Marriage*, Multnomah, Portland, 1985, p. 121.
3. «Weekly Illustration Update», domingo 10 de agosto de 2003, www.preachingtoday.com.

Capítulo 24

1. Carol Potera, «Get Real About Getting Married», *Shape*, septiembre de 2003, p. 36.

Capítulo 25

1. Tabla preparada por Jack Hill a fin de condensar los aspectos analizados por Craig W. Ellison en «From Eden to the Couch», *Christian Counseling Today* 10, n.º 1, 2002, p. 30. Usado con permiso.

Epílogo

1. Dr. James Dobson, boletín informativo de *Enfoque a la Familia*, junio de 2002, p. 4.

Acerca de la autora

Shannon Ethridge es esposa, madre, escritora, oradora, consejera secular y aboga por la causa de la integridad sexual. Desde 1989 ha hablado a jóvenes, estudiantes universitarios y mujeres adultas. Sus pasiones incluyen inculcarle valores sexuales a los chicos a temprana edad, desafiar a los jóvenes a adoptar una vida de pureza sexual, ministrar a mujeres que han buscado amor en todos los lugares equivocados y desafiar a cada mujer a que haga que Jesucristo sea el primer amor de su vida.

Enseña con regularidad en el campus de Teen Ministries Mania y se ha presentado muchas veces en programas de radio y televisión. Ella y su esposo, Greg, llevan catorce años de casados y viven en una cabaña entre los bosques de pinos al este de Tejas con sus dos hijos, Erin (doce años) y Matthew (nueve años).

Well Women Ministries

Para concertar charlas o para encontrar otros recursos disponibles a través de Shannon Ethridge Ministries, entra a www.shannonethridge.com o envíale un correo electrónico a Shannon al SEthridge@shannonethridge.com.